日本憲法史叢書

8

ローレンツ・フォン・シュタイン講述／陸奥宗光筆記

シュタイン国家学ノート

瀧井一博編

信山社

日本憲法史叢書

刊行の辞

大石　眞
高見勝利
長尾龍一

「五十年経たないと歴史の対象にならない」とは、国史学者黒板勝美の言葉だそうであるが、変転極まりなく、何事もたちまち忘却の彼方に去ってしまう現代においては、これはやや悠長に過ぎるものかも知れない。しかしついに、この基準からしても、日本国憲法は、一九九六年に公布半世紀、九七年に施行半世紀を迎えて、歴史の対象に仲間入りした。

思えば、日本憲法史という領域は、戦後憲法学の中で、冷遇された領域であった。というのは、旧憲法の歴史は、「八月革命」以前のアンシァン・レジームの世界にあって、実定憲法学者とは疎遠なものと感じられたし、日本国憲法制定史は、「押しつけ憲法論」と結びついて、もっぱら反憲法派の好む領域の観があったからである。実際、日本国憲法制定史について、本格的な研究の鍬を入れたのは、改憲を念頭において発足した政府の憲法調査会であった。

しかし、歴史学の世界では必ずしもそうではない。明治初期史の研究は、憲法制定・議会開設をめぐる政府と民権派の対立を主題とせざるをえず、明治後期史・大正史の研究は、憲法を制度的枠組とし、議会を舞台とする藩閥と政党の闘争と妥協の過程を主題とする。昭和前期史の研究は立憲体制の崩壊過程を対象とし、占領史は日本国憲法の制定過程を主題とする。政治思想史においても、伊藤博文・井上毅、穂積八束・美濃部達吉などが関心対象となる。

それに、昭和十年代の伊東巳代治資料、昭和三十年代の井上毅資料、そして日米の研究者による占領関係資料の発掘など、多様な資料が公開・発掘されて、研究者の知的好奇心を刺激し、解釈学者にも「立法者意思」への関心を向けさせる。

しかし、憲法史という地味な領域の研究成果の多くは、目立たぬ大学紀要・論文集などに掲載されて、研究者相互の目にさえなかなか触れがたい。本叢書は、このような業績を、学界や関心をもつ読者に広く紹介し、研究の新たな発展に資そうとするものである。

一九九七年七月

目　次

凡　例

（1）本書は、神奈川県立金沢文庫所蔵 *"The Plan of State Science"*（以下、*"Plan"*）、*"Supplementary Notes on State Science"*（以下、*"Notes"*）の翻訳である（訳者による原書の翻刻として Kazuhiro Takii (Hrsg.), *Lorenz von Steins Arbeiten für Japan*, Frankfurt a. M. u.a., 1998 がある）。また付録として、Lorenz Stein, Studie zur Reichs-und Rechtsgeschichte Japans, in: *Oesterreichische Monatsschrift für den Orient, 13. Jg.*, 1887, S. 1-9の拙訳「日本帝国史および法史の研究」を収録した（『Jurisprudentia 国際比較法制研究』第四号（ミネルヴァ書房、一九九五年）五四―七三頁に発表したもの。転載にあたって若干の補筆修正を行なった）。

（2）原書は二冊のノート（ローレンツ・フォン・シュタインが陸奥宗光に授けた国家学講義のレジュメとそれに則した解説）であるが、本訳書はそれらを訳者が新たにひとつのテキストに編纂したうえで翻訳したものである。レジュメである *"Plan"* の部分には網かけの罫を上部に施し、その趣旨を示した。

（3）本文中〔　〕内は、訳者による補筆である。

（4）原文では、専門用語について（特にドイツ語のものに関して）スペルミスなどの明らかな誤記が散見されるが、訳文中でそれらを書き出す際には、特に断ることなく訳者の手によって修正を施し、もとの語は訳注で注記したり、本文中〔　〕内に記載した。

（5）章題や見出しは原則として *"Plan"* にしたがったが、「第7部　国家行政の諸部門」の章題は *"Notes"* によっている。

ローレンツ・フォン・シュタイン講述　陸奥宗光筆記

シュタイン国家学ノート

第1部　国家学のプラン

第1章　国家学の本質

(A)　哲学：――
国家の理念
人格の発展
組織の諸要素：――
元首－意思－力〔憲制〕
行政
(B)　知識：――
統計――現実の事実的国家とその現行の憲制と行政

(C)　学理

なぜ現実の国家が理想と異なるということがあり得るのか！

(1)　平等の理念：人間の共同体

(2)　不平等の理念：社会

(3)　理論：現実の国家と理想の国家との間のあらゆる差異は、富の分配によってもたらされる社会の影響によるものである。――これによって現実がもたらされる。

国家を考察するには二つの方法が考えられる。哲学的な方法と経験的な方法である。哲学的には、国家の理念は、それを下位部門として包摂すると考えられる何らかの高次の存在（例えば、法人、組織、あるいはその種の何か）から導き出されうる。しかしだからといって、国家をそのようなものとして把握することはほとんど不可能である。なぜならばそのようにして導出された理念とは、論理的な範疇にしかすぎず、国家の現実の態様すべてを包含することはできないからである。

経験的には、われわれはいくつかの現実の国家をそれぞれの国の法と制度を通じて観察するが、それらは無限の多様性と色合いをもち、相互に異なっているものである。しかしこれは統計的な知識にしか過ぎず、決して包括的なものではない。

経験的方法によって相異なる国家を比較し、それを通じて国家の真の把握に達することができるであろうことが説かれている。しかしそれは不可能である。というのも、この場合、われわれは単なる統計的な知識に限局されており、そこからは何の比較を行うこともできないからである。比較のためには基準が必要とされるが、それがここには欠けている。(1)

理念とは、純然たる思惟の領域内での単純な哲学的演繹のなかに存するものである。知識とは現実的経験の産物である。この両者の結合によって真の知的概念が生み出される。そしてそれが、ここでわれわれの求めているものなのである。われわれが求めているのは、あらゆる相違をひとつの統一的範疇に包含できるような概念である。(2)真の国家概念とは、理想的国家と現実的国家との適正な関係を含んだものである。そして国家学は、国家の基本的ないし論理学的理念が、実際の研究と観察を通じてわれわれが知識を得ている既存の国家において、いかにして、また何故に多様で相異なったかたちで現出しているのかを示さなければならない。

実のところ、われわれの知っている国家とは相異なっており、互いに似通っているものとは決して見なしえない。けれども、これらの相異なった国家のすべてに、また国家の発展段階の全期にわたって認められる組織がある。そこに達することはできよう。この組織こそわれわれが現実の様々な国家を比較する際に、定点を提供してくれるものである。そしてそれ故に国家学は、次の二点を取り扱うべきものなのである。（Ⅰ）組織の絶対的要素、そして（Ⅱ）同一の要素を実際の国家において差異化させる諸々の要因や勢力。

（補論）平等から不平等を作り出す（同一の要素の差異化）要因の唯一ではないが主要なものは、富の分配の相違である。例えば、裕福な生まれの子供は貧しい生まれの子よりも良い教育を受けるものである。あるいは、貧しい階級によって選出された大統領は、富裕な階級よりもその貧しい階級の意思や利害に沿って行動する。つまるところ事物の本性上、平等なるものなど存在しない。他の何かと完全に同一であるものなど何もない。平等とは原理にしか過ぎず、事実ではない。

第2章　法＝権利（right）(3)とその本質

（1）

（A）法＝権利の理念：――

他者の意思や行為によって人格が侵害されないこと

（B）法＝権利のシステム：――

どの人格もそれ自体、生の様々な要素の有機的体系である。――したがって、法＝権利のシステムは、共同体の生のシステムである。――共同体においては、すべての人間は、本性上平等である。――したがって、人格が平等なところでは、すべての法＝権利は、自然法（the right of nature）である。

（C）法＝権利のシステムの諸要素：――

人格としての国民：国際法

人格としての国家：公法

人格としての個人：私法

（2）

実定法（Positive Right）：——

人格が自ら変化し発展することの結果として、その法もそれとともに変化せざるをえない。——個人の発展についての相異なった条件によって、社会が構成される。——したがって、法が現実にどのようなものであるかは常に、社会の現実についての法である。そして、これが実定法である。——したがって、どの国民も時代ごとに異なった実定法をもっている。それは、その社会の本質からしか理解できない。——しかし法の基本的システムは、常に一般的で同一な範疇をもっていなければならない。なぜなら、あらゆる個人は、時に社会の相異なった時代と段階に帰属する者でもいるからである。

（3）

国法学：——

実定法は、それが存在している社会の条件の産物であること。

国家を取り扱うには、その組織の本質を理解しなければならない。法＝権利を研究することによってわれわれは、その法＝権利を有する組織の作用を理解する。そして組織の作用を理解することによってわれわれは、その本質を学ぶのである。法＝権利の何たるかという問題が国家学の一部と見なされるべきなのは、それが故である。様々な組織からなる国家の諸々の作用は、まず第一に哲学的に、すなわち純粋に抽象的な理念として、そして次に歴史的に、すなわちそれらが人間の発展の様々な時期にいかに現出したかというように考察されるべきである。純粋な法＝権利の理念は人間の頭のなかにしか存在しない。それは、万人が各自の本性によって自分の生きている共同体の意思に従わなければならないという原理と定義されよう。二名ないしそれ以上の人格が接触するにいたるや、共同体が成立する。これらの人格とは国家であるかもしれないし、個人であるかもしれない。(4)

法＝権利には、人格的関係の本質によって形作られるものもあれば、第三者の意思によって形作られるものもある。(5)前者が自然法であり、後者が実定法である。しかしこのどちらにも内包されているのが、ある人格の他者に対する権力の限界である。哲学的には、自然法とは人格のまさに本質から派生した諸作用よりなるものと見なすことができよう。「自然法とはそれが適用される者の本性によって規定される（Das Naturrecht [wird bestimmt durch die Natur derjenigen wofür das gilt"]）」(6)。したがって、諸人格間の関係に変化が生じたとき、法それ自体も相応の変化を被らなければならない。そのため、同じ法でも自然法であったりなかったりすることがありうる。

実定法は、国家意思によって諸人格間の関係が形成されるときに存立する。実定法と自然法とは矛盾することがありうる。両者の間に調和をもたらすことが重大な問題となる。(7) これら二種の法の間に相違が生じる可能性は常に、社会階級や社会的差異の対立に基因している。換言すれば、それは変転常なき社会的諸条件の帰結なのである。

第3章　国家と国家学

（1）国家学のシステム

（A）原理：——

憲制の法と行政の法はその様々な形式において、社会の発展へと還元されなければならない。

（B）この原理は、人格の絶対的本質に根差した、相分離した有機的組織へと還元されるべきである。

元首－意思－力

主権－立法－執行

（2）社会の歴史的要素

（A）氏族制的秩序

（B）身分制的秩序

（C）国民制的秩序／立憲制的秩序

（3）　国家法の理論

（A）　氏族制的秩序における主権
身分制的秩序における主権
立憲制的秩序における主権

（B）　これら三つの秩序における立法－立法権力の形式にとっての選挙原理という本質

（C）　これら三つの社会秩序における執行権力と政府

国家とは、ひとつの人格（person）を形作る人間の団体である。したがってそれは、人格的存在を形成するのに必要なあらゆる要素をもっておかなければならない(8)。国家の身体は土地ないし領土であり、人民はその魂である。しかし、これだけでは十分でない(9)。国家は自分自身の主人でなければならない。自分のなかの主格として、そして他者に帰属したりその一部となったりしないように、国家は自我（I）を主張しなければならない。これが、国家の主権と呼ばれるものである。しかし、意思なき主権はありえないのであって、主権国家は独自の意思をもたなければならない。この意思を形作る機関が、君主であったり、大統領であったり、あるいは貴族階級であったりする（万人がこの機関に属すると見なされるとしたら、それは無政府状態である）。この意思は実行されなければならない。それを行う機関が、政府である。かくしてわれわれは、国家をほとんどひとつの人格のようなものとして、個人格（personality）をもった存在として、あるいは個人格を形作る諸人格の統一体のなかに存在するものと見なす。したがって、ある国家の組織的発展とは、一個の人格的存在の組織的発展である。

われわれが一般的な意味で言うconstitutionとは、狭義のconstitutionとは異なるものである[10]。前者が意味するのは、およそ国家たるものの全体的な組織であり、後者はいくつかの明確な原則にしたがって、とりわけ国民の代表者の多数意思にしたがって国家の意思を形成する組織を意味する。行政と対立する意味でconstitutionというとき、われわれは狭義の意味でこの言葉を用いている。しかしもっと抽象的に考察してみると、constitutionは単なる存在（simple being）として、行政はそれの行為として考えることができよう[11]。

憲制（constitution）によって、国家が取り組まなければならない事物の本性を変更することはできない。しかし憲制は、その本質がいかに取り扱われうるべきなのかを命令し、指示することはできる。換言すれば、それに働きかけることはできるのである。もちろん、実際の憲制のなかでは、人間を相異なった社会に分かつことになる富の分配に特別な考慮が払われなければならないし、富の分配に考慮を払う際には、常に物質的対象の本質に目を向けざるをえない。行政は憲制が行為へと歩を進めるときに開始される。すなわち、行政とは共同生活のあらゆる積極的な関係に取り組むものなのである。

憲制を取り扱うとき、われわれは国家が対処しなければならない自然界の対象は一般的に無視し、人間の意思ないし自由の組織のみを考慮に入れる。行政の場合には、われわれは憲制が取り組まなければならないこれらすべてのものを考慮しなければならない。一般的に民衆にとって理解しやすいのは、行政よりも憲制である。後者は何ら特別な知識を必要としないからである。憲制を考える場合には、草木や種子の本質を教えてくれる植物学者の仕事や物質を要素に分解する化学者の仕事は必要とされない。われわれが必要とすることのすべては、人間の本質や権利の理解に限られている。これに対して行政は、人間関係の理論の全体と同様に、すべての事物の本質とも取り組まなければならない。そしてその際には、あらゆる種類の情報が必要とされる。自然界の物質は独自の運動法則を持つものであるが、それに行政は通じておかなければならない。大臣は往々にして、専門科学者の助力と助言を求めることを余儀なくされる。つまり、憲制の学は人間の本質を考察しなければならず、行政の学は人間社会のみならずあらゆる要素の本質を考察しなければならない。

国家学とは、狭義においては憲制の学である。もっとも、広義ないしより包括的な意味においては、行政学も含まれるべきものである。

憲制は前述のようにその素材を人間の本質から受け取る。しかし人間の本質とは変転常なきものである。それ故、二つのことが考慮される必要がある。すなわち、憲制の既存の有機的組織と現実の生活による影響を受けて別個の存在形態となったそれである。

憲制の発展は、それ自身の力でではなく、社会の発展による。そして社会の発展は、主として富の分配に基づいている。異なった社会が全く同じ憲制をもつことはありえない。各々の社会はその発展の度合いと種類に応じた憲制を求めるものである。憲制の歴史は、社会の現実の文明状態と齟齬をきたした実定的憲制が、その社会との間で絶え間なき対立と衝突を繰り返し、そうすることで何がもたらされてきたかということをわれわれに教える。

したがって、憲制の真価は、その洗練度や規定の上等さによってではなく、民衆の発展の度合いによって測定されるものである。社会の影響は憲制の形態に現れる。君主制、共和制、その他の国家の形式はいずれも、それらが置かれている社会の状態のなかにその由来を求めることができる。

社会と共同体の相違は、ひとえに個人の人格性にかかわる問題である。国家それ自体は、そのような相違からは独立している。社会と共同体を内包する国家は両者の上に立つ。すべての人々が平等であるならば、彼らは共同体を形成する。そうでないならば、社会を形作る。いくつかの点で人間は共同体をなしていると見なされるが、同時に別の点では社会を作っている。国家の学問的概念は、社会と共同体の双方を含み持つ。そのなかにはまた、国家の絶対的理念から現実の生活への発展法則も包含されている。換言すれば、国家の発展とは、その諸々の部分（すなわち、様々に異なった生活関係のもとにある民衆）の発展と常に等しいものである。

以上三段落にわたって述べたことを簡潔に示した図を掲げておこう〔次頁〕。

〈解説〉　国家は何ら特別の利害関心をもつべきではなく、各部が有する相異なった利害のすべ

第1部　国家学のプラン

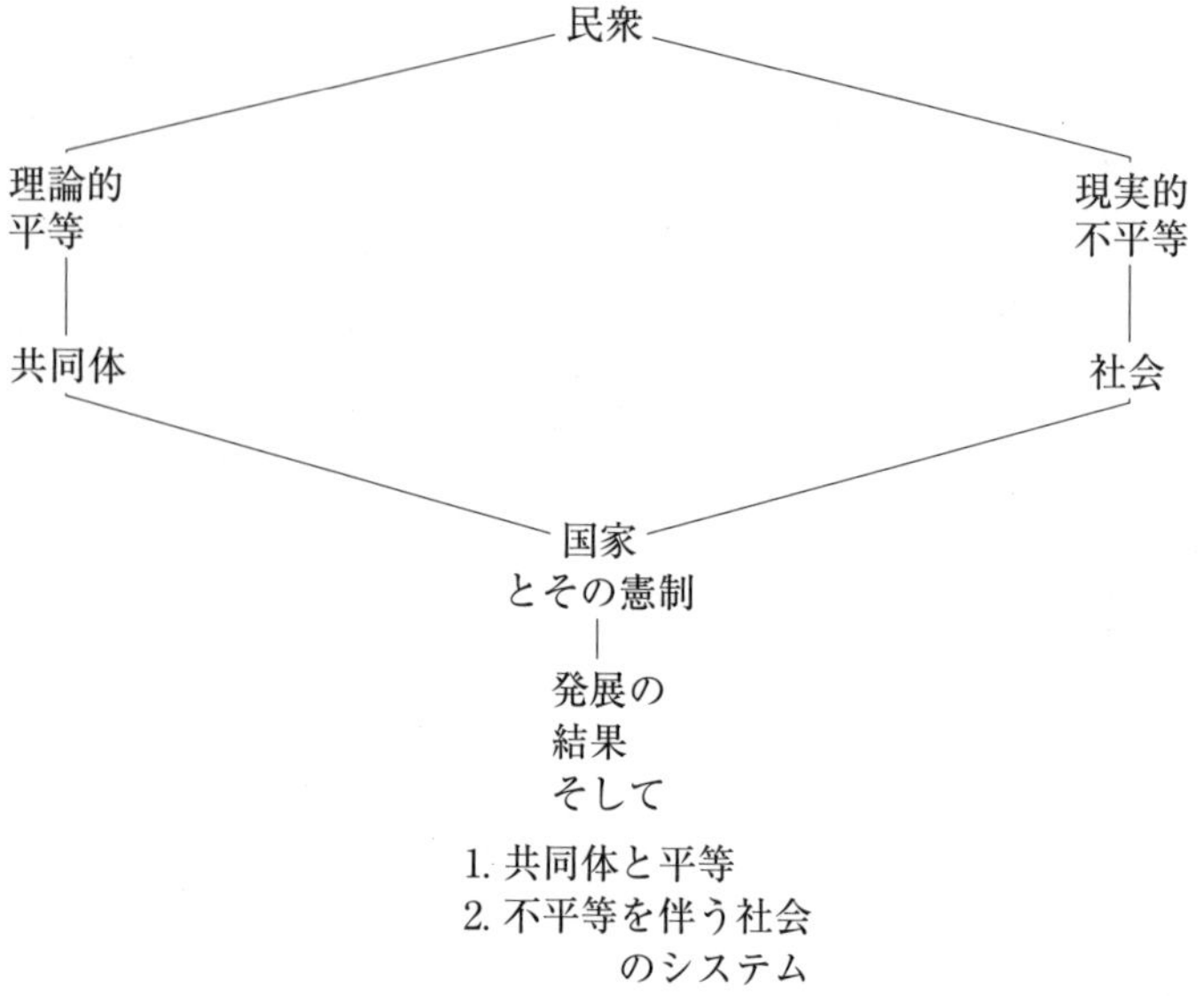

てに公平に対処しなければならない。国家が党派の下僕となったとき、国家は無に帰す。それは至高の権力を依然として有するかもしれない。しかし国家そのものの意思はもはや存在しない。

ドイツでは、憲政は行政と並立して存在している。両者は両立し、一体となっている。フランスでは、行政は憲政よりも強力で堅固である。イギリスでは立法が筆頭の要素であるが、もし中央の立法府が、それが容易に触れることのできないイギリスの気高き地方行政と対立するならば、国の内政はこのうえなく乱れることになるだろう。フランスにはそのような地方自治はないが、中央の行政は憲政の弱さを補うに十分なほど安定している。日本において憲法が成立した暁には、行政に関して大きな問題が生じるであろうことは疑いがない。

（**補論**）イギリスでは最近、選挙法が大いに議論され、国民感情の最高度の興奮が見られた。(12)これは憲制上の一大問題だったが、人々は国家の行政という部分を忘れてしまっていた。それだから、この問題に熱心にかかずらう一方で、彼らはアフリカとアフガニスタンにおいて考えられる最高の失敗を犯したのである。(13)

第２部　立法権

第１章　原　理⒁

(A)　氏族制的秩序：――
選挙なし：各家長が立法府のメンバーであり、そこは平等な自由人の共同体である。

(B)　身分制的秩序：――
選挙なし：各身分は、自分たちの憲制に則って、立法府における代表者を任命する。

(C)　立憲制的秩序：――
原理：全自由人が、立法府のメンバーである。
原則として、自然のうえでの不平等以外の不平等は認められない。年齢、性別、疾病による不平等、また社会的な不平等はない。

選挙：問題。財産上の不平等によって、選挙権上の不平等が構成されてよいか。

国家の発展の基礎的前提としての社会の理論

国家組織の絶対的要素については、人格的存在の絶対的要素と関連させてすでに論述した。しかし国家の実定的組織は、社会の支配を常に被っているものであり、その社会は進歩の様々な様相を見せている。絶対的要素は一定の変化をたどるが、それは全体的な組織が社会の諸条件に依拠しているからである。歴史上、社会発展の三つの時代が区別される。

（1）氏族制的秩序の時代

（2）身分制的秩序の時代

（3）国民制的・立憲制的秩序の時代

これら社会の三秩序によって、国家組織の発展ならびにその要素——すなわち国家の元首や首長、立法権、そして執政ないし行政組織——の三つの歴史的時代がもたらされる。したがってわれわれは、社会の実際の発展についていくらか知識を得ておかなければならない。

氏族制の時代においては、家族の長からなる共同体がたったひとつあっただけである。個人の財産などは存在しなかった。家長がすべてだったのである。この時代、富とはひとえに領地であったが、それを所有していたのは家長であった。もし何か議論しなければならない公共の問題が生じたならば、家長のみがそれに携わり、彼以外には誰も会議に参加しなかった。

このような秩序のあり方は、共有地の家族への分配によって生じた。各々の家族は平等に土地を受け取り、共同体の一般的目的に平等に奉仕していた。かくして各家族は互いに平等であり、家長の間も完全に平等であった。しかし絶対的な不平等が、父と子の間に存在していた。つまり、共同体全体は平等な要素から構成されていたが、各要素はそれ自体のうちに絶対的に異なった下部組織を包含していたのである。ここではまだ、このような共同社会的要素の平等性を除けば、国家組織なるものは存在していなかった。

各家族において家父が家族メンバーの長と見なされるように、徐々に最古参の家の長が共同体の長と見なされていった。そのようにして、彼のもとに共同体のあらゆる栄誉が集中していった。しかし彼にはまだ、自分に払われる崇敬の念に見合ったいかなる特別な権利や権力も欠けていた。彼は共同体の支配者に選出されてはいなかったのである。そのような者はただ単に侯《プリンス》と呼ばれる。軍の指導者に選ばれたとき、彼は大公《デューク》の称号を得る。この地位を得ることにより、彼は極めて大きな権力を握ることになった。もっとも、侯《プリンス》と大公《デューク》は同一人物である必要はなかった。

未開状態のこの段階から、様々な国家機関が進化していった。氏族制的団体の長はやがて、国家意思の組織化したものと同一視され、公式の首長と化した。国家意思とは一般的に言えば、家長の意思のなかにあったのだが、その作用は今や君主と呼ばれる公式の首長を通じてなされることになった。

この首長の権利と他の者の権利が定義され確定されんとする時点で、憲制は存在を始めた。それぞれの家長が臣従するメンバーに行使してきた制裁や恩赦そして生殺与奪の権力は、今や国家の首長の手に移され、そして彼は次のように嘘ぶくようになった。当初土地は共同のものであったが、今や自分がその共有地をもつ全共同体を代表しており、したがって自分はその意思にしたがって土地の処分を行うし、誰も自分の意思に反して土地を保有することはできない、と。このようにして氏族制の時代と身分制の時代の移行期が築かれた。

君主は依然、諸侯《プリンス》の頭目にしか過ぎなかった。彼は特別な権利のための大いなる権源を何らもちえなかった。彼は生まれによって首長とされ、同輩者のなかから特別に崇められる。彼を冒涜した者は、他の者をそうした場合よりも厳格な刑罰を受けることになる。徴税の権利はもたない。その収入は、個人的な所有地、すなわち御料地の収益からなる。

（補論） 近代的な社会秩序においては、御料地は君主の私的な財産と混同されるべきものではない。すなわちそれは、一般私人に帰属するものに他ならないと解されるべきではないのである。そうではなく、御料地には別の性格がある。君主はそこから生じる収入を手にすることができ、歳入に変更を加えることができる。しかし彼は自分の望むようにその地を処分する権限は持っていない。元来、御料地は様々な要素からなっていた。君主は買い取ったり相続することによって、もしくはその他の私権によって土地資産を所有するが、また同時に、職位上、あるいは暴力や征服によって手に入れたものもあった。君主によるこれら二種類の取得は、互いに区別されうるものではなかった。それらはともに、君主の個人的な財産となっていたのである。

しかし時が経るにつれ、国家の業務が君主の個人的な仕事とはもはや見なされなくなったとき、一般課税の原則のいくつかが導入されざるをえなくなった。どの身分も自分自身の財産や土地を有していたが、君主がその同意なしにそれらに手を触れることはできなかった。そして王室の所有物の命運もまた、それぞれの国の現実の状況によって決せられた。

フランスでは、立憲制の最初期に御料地は公共の財産とされた。ドイツのいくつかの国においては、それらはいくつかの厳格な規定をかぶせられて、王室に与えられた。その一方で、他のいくつかの国では、それらは主権者と国家との間で分与された。イギリスでは王室費《シヴィル・リスト》(15)の成立に伴い、御料地は国王の個人的財産であることを止めた。今日では、主権者の個人的財産と御料地との間には明確に線引きをすることができる。

（附記）(16)　立憲国家においては、財政の理念は国家の歳入を調達する種々の方法に限定されるものではなく、収入の一定の処分態様をも含んでいる。かくして、立法と行政は互いに極めて密接に結び合わされるので、両者を分離することは国家の全体組織を破壊することなしには不可能である。

君主は自らそうすることが可能なときには、自分の家臣にそのような土地の一部を贈与した。そのような贈与地を封土（benefice）と呼び、それは家臣の死後、君主のもとに返還される。しかしその家臣の子息らは、その贈与地を引き続き占有することを要求するであろうし、やがてその要求は、彼らの父がその土地を保有していたのと同じ条件で認可されていった。かくして、封土は世襲領地（hereditary　feud）となり、その保有者は封臣（vassal）と呼ばれ、その授与者は領主（lord）と呼ばれた。これが封建制と呼ぶところのものであり、身分制時代の初期に一般化した。

その当時、社会における地位は土地の配分によって決められた。君主自身は時として自分の封臣の封臣であり、封臣には自らの封臣がいた。

しかし封建領主と封臣の傍らで、何ら特別な契約下になく土地を占有している自由土地保有権者（freeholder）がいるし、また封建契約とは別個のある特定の契約によって土地を占有している謄本保有権者（copyholder）もいた。それらのほか、自己の土地はもたないが、ある一定額の地代を払って土地を耕す地代付封土権者（tenant）がいる。自由土地保有権者は中産階級ないしジェントリーを形作る。これは、土地と財産の不公平な分配による社会的不平等の展開であった。

身分制的秩序本来の時代は、相異なる諸身分の成立によってその幕を切って落とされる。同種の職業の人々は結集し、身分を形作った。各身分は君主から契約ないし力ずくで、一定の特権を手に入れた。そして次第に三大身分が生まれてきた。（1）大土地所有者ないし貴族身分、（2）聖職者ないし教会身分、（3）都市身分ないし自治団体である。

さて、国家意思はもはや君主の個人的な意思とはいえなくなった。それはそれぞれが自らの組織を有している上記の三身分によって形成される。貴族の秩序においてはすべての家長が平等な権利を有したが、聖職者の間では各々の権威は平等とはいえなかった。都市は業務管理のために市長を自ら選出した。立法機関についていうと、貴族は全員がそのメンバーであり、教会は司教（bishop）によって、都市は代議士（deputy）によって代表された。かくして、これらの身分は相異なった憲制を有していた。その一体性は君主によって表象され、行政の場では、各身分は国家一般に対して責任を負うものではなかった。

立法とは実のところ、これら三身分間の協定だったのであり、一般的な法律の制定とは決して呼びえなかった。単なる相互の契約だったのである。しかし、三身分の一般意思が法となりえないとしたら、それは矛盾であろう。だが、一体性の表象たる君主が裁可するまでは、それは法たりえないのである。ここに君主は新たな権利を取得した。

さて、これら諸身分は、われわれ三者が全民衆の代表であり、その意思が国家の意思たるべきであり、またそうでなければならないと主張する。だが君主のほうは自分自身が国家であり、その意思が国家の意思であると主張し続ける。自分は自らの望むことをなし、諸身分が望むことすべてに同意するわけではない、と。かくして、君主と民衆との間に争いが生じた。イギリスでは民衆は自分自身の伝統的な特権を有しており、強力であった。君主は敗れ、民衆が主権者となり、三身分が中央立法機関の構成要素をなすにいたった(17)。フランス、デンマーク、そしてドイツ諸国では君主が勝利し、絶対権力者となった。その言葉は今や法ないし命令となった。三身分は残存し、特権として一定の権利をもち続けるが、それは君主の認可を受けてのことだった。

かくしてヨーロッパでは、前世紀の終わり頃に国家人格ないし国家統一体の理念が、三身分の考え方に対して優位に立つようになった。そして君主の意思のほかには何の特権もなくなったのである。君主はその身に立法と行政の両機能を集中し、この二つの国家機能は少なくとも彼の名においてなされた。民衆はひとつの政治勢力としてはその姿を消した。既述のように諸身分は一定の権利をもって残存しているが、国政における発言権はもたない。言葉の正確な意味における法律というものは存在しないが、法律と勅令は同義のものとなり、その結果国家の一体性は一人の君主の人格のなかに現出した一個の事実となる。しかしこれなくしては、ばらばらの諸身分があるのみとなり、国家の人格的一体性は不可能となろう。ここに認められるのは、真の憲制が立ち上がってくるまさにその名の通りの転換点であり、自由と権利の輝かしい時代が独裁と専制の闇の中に降り立っていくのである。

フランスでは強烈な国民感情の表出が、ルソー、ヴォルテール、そしてその他の有名な著述家に見出される。それによれば、民衆はみな平等であり、地位や職業にかかわらず平等な権利をもち、特権などというものはナンセンスである、なぜならそれを民衆は自らの固有の権利によって有しているのであって、王からの特別な賜り物として有しているのではないからである。この帰結がフランス大革命であった。もちろんイギリスでは十七世紀に自国で革命があり、漸進的な改革がその後に続いた。ドイツでは一八四八年に革命があった。

民衆が、自らの立法者として選出した代議士に自分たちの権力を見出したとき、国家意思の一体性は初めてその正当かつ真の意義を有した。しかしながら、君主が絶対的となり、民衆には一抹の権力も残されないこと、それが社会環境を媒介として進んでいく自然の成り行きである。同様に自然の成り行きに照らして真なのが、対極的な原理が働くようになったときで、君主の絶対的権力が廃止され、専制的な社会秩序が地に落ち、平等が国家組織の基礎とされる。しかしその限りでは、国家人格の理念と平等の原理は否定的な力としてのみ作用し、特権と同様に自由も破壊された。このような混沌とした移行期から、人間の進歩の現段階である立憲制の時代、ないし市民の実定的権利の時代が進化してきた。以下の補論に引き続いて、その部分に入ることにしよう。

どのようなかたちであるかはさておき、国家には首長ないし元首がいなければならない。それなくしてはいかなる国家も存在しない。その形態はそれが行使することのできる権利に依拠している。しかしこの権利はすべての権利がそうであるように、真の社会関係のうえに立脚しているべきである。その機能は社会の既存の条件にとって不可欠であろうようなものでなければならない。それ故に、この問題は常に各地域の必要と要請によって決せられねばならない。国家元首の形態はそれ自体としては原因ではなく、社会的必要の結果である。その形態を決する絶対的な基準など存在しない。世襲の支配者か選出された統治者であるかは、専ら事態《ケース》の本質によって決せられる。封建領主か制限君主か、権威的独裁者か共和制的大統領か、それはすべて社会的環境の産物なのであり、国家目的に合うならば、何のためらいもなく、ある形態から別の形態へと変化するであろう。すべからく国家のみが、何らかの形態で首長を有している。そうでないとき、それは無政府状態であって、国家ではない。

〔附論〕 イギリスでは現下の地方自治はかつての身分制秩序の残滓である。歴史的にみて、イギリスの貴族は君主と同等のものである。君主が貴族と異なるのは、ひとえにその君主大権によってであり、それが君主を君主たらしめている。君主とは大権の付け加わった貴族にすぎない。フランスでは君主は自らの権利によって貴族たちの上位に立っていた。

不平等は現実である、だが平等が社会の原理とならなければならないという認識とともに立憲制の時代が始まった。国家の発展は、各人が有する自然権の発展である。この権利は平等なものと見なされなければならず、不平等という現実があるとしても、生まれや財産の格差の帰結として権利に違いがもたらされるべきではない。平等と不平等の間の葛藤は確かにすさまじいものであった。哲学は平等の本質をその究極にまで表現することを試みた。他方で、歴史は不平等の原因を明白に曇りなく跡付けた。これら二要素のまさに混交とともに、われわれが生きている現代という時代が始まったのである。したがって、この時代の顕著な特質を次のように約言できるかもしれない。

国家意思の形成において、すべての人間が平等な権利をもたなければならない。すなわち国家意思は、万人の意思を伝えることのできる機関によって形成されなければならない。それは二つの要素からなる。（1）新聞と公共集会、そして（2）代議士の選出、である。

新聞と公共集会によって、民意が多かれ少なかれ表明・普及されることはありうる。しかし、それらを通じては行為のためのいかなる意思も形成されえない[18]。

そのような意思は人格的性質をもっていなければならない。新聞や公共集会はそのような性質をもっていないのである。それらは単純に何らかの一般的確信や公共精神を伝えるのみである。国家意思の形成への万人の参加ということは、現実には議員の選挙によってのみ達成される。

万人の意思が個体化されるのは、この方法によってである。各人は自分の意思を最も良く代表してくれるであろうと信じる個人を指名する。そのための権利を各人は有し、そしてそれによって各人は国家意思の形成に参加するのである。

代表制の原理とは次のことである。選出されたメンバーは彼を選出した人々全員を人格的に統一した者であること、そして彼は彼らに対して次のように言う権利をもっているということである。すなわち、自分は諸君が望むことをする権利を有するし、またしない権利をも有する、と。すなわち彼は選挙民の命令に従うように義務づけられてはいないのである。

次に、国家意思の形成は、様々な個人の意思を集約させていくいくつかの段階から成り立っている。

第一に、諸個人は自分たちの意思を形成し、それに応じて代表者を選び、そこに自分の意思を集約させる。そして第二に、代表者たちは自分たち独自の意思を形成し、最後に代表者たちの意思を集約させることによって、議会において国家意思が形成される。

民衆自身が事案について自らの意思を形成できないときには、選挙は無意味かもしれない。しかし、それでも前述のように、選挙制度なくしては個人的ないし公的な信念が一般意思となり、法となることはできない。それ故、民衆が意思しうるか否かにかかわらず、選挙制度はなくてはならないものである。彼らが意思しうるならば、それでいうことはないし、できないのであれば、選挙を通じてどうすればそれができるかを学ぶことができる。

立憲政府とはそれ自体が教育である。選挙とは個人を作る学校なのである。民衆に代表者を選出する権利を与えなかったら、彼らは自分たち自身の意思をどのように形成したらよいのか決して習得しないだろう。民衆が自らの力で「自立」するようになること、それが選挙の一大原理なのである。これは何人も否定しえない解剖学的かつ生理学的原理である。(19)

この原理によって、願望、想像、感情、知識が組み合わされてひとつの人格（character）が形成され、そこから意思が生まれる。いったんそうなると、その動きは進展していく。それは、自動的かつ自己組成的プロセス（self working and self forming process）だからである。最初の分化は、精神生活のなかで行われ、自我と意思が分離するであろう。そしてそのような分化は、選挙の本質と結果においても繰り返されることになる。

今や人間のさまざまな人格は結晶して多様なかたちをとり、それらは議会の場で互いにつばぜり合いをし、そして相結合してひとつの簡潔な人格をなすにいたるであろう。この人格は今や主権者、すなわち国家元首その人が受け入れるべきものとされる。一個人の人格が国民全体の凝縮された人格に優ることはできない。しかし、主権者がそれを受け入れないということも可能である。この場合、彼は何か特殊な利害関心をもっていなければならない。それのみが人格を均衡させることができるからである。だがこの点については、別の箇所でもっと詳細に探求することにしよう。これまでの考察を結論づけるために、人格一般についてさらに数語のみ付け加えておこう。

健康、良識、精確な情報、健全な感情、これらを欠いたとき、その人は人格をもっているとはいえない。したがって衛生上の規制、全人教育、公共出版物の善導は、人格を形作る最も必要な手段となる。これらすべてはまさに行政の事柄であり、立法府の選挙とは何も関係がないといってよい。しかし選挙とは、立憲制の時代においては有機的に進行するものであり、それ自体で存立すべきものではない。それは単なる形式ではないのである。それは国家人格の組織全体の一部、それも最も重要な一部であり、そこから分離されえないものなのである。以上が国民代表（popular representation）の一般的性格である。そしてここにわれわれは、真の立憲政府における立法と行政のつながりと両者の不可欠の協働を認める。それが以下の論述全体のテーマである。

第2章　組　織

（A）上院下院の必要性についての問題：——

本質：

上院について：財産でも教養でもなく、一般的かつ永続的利害——したがって、歴史的な観点。

下院について：特殊利害と公共問題の現実性。

したがって、これらは二つの組織である。

（1）上院：あらゆる私的利害からの独立。したがって、選挙でなく、以下の三つの要素：

（α）出生と身分

（β）召命と公的地位

（γ）主権者による任命

（2）下院：国民生活の現実の欲求と条件の表明。したがって、選挙。

(B)　選挙のシステム：——

(1)　選挙権

(α)　センサス：この権利の条件としての一定の財産——所得税と義務によって示される。

(β)　普通選挙権：自由人すべてが投票者

(γ)　多数

(2)　手続き上の秩序

(α)　選挙階層：直接投票者と選挙された選挙人（"Wahlmänner"）

(β)　直接選挙：「選挙人」なし。

(γ)　名簿式投票（scrutin de liste）

(3)　有権者の配分：憲法（Constitutional Law）の一部

選挙期間：三から四年

もしも世界が人格の世界に他ならないとしたら、立法府に上院を設ける必要はないであろう。人格の本質のみからは、二院制たるべしとの結論には決して至らない。しかし不幸にも、われわれには別の要素がある。それは利害関心であり、人格と同じ勢力をもちうる唯一のものである。もちろん、人格と利害関心の間に厳密な境界を引くことは容易ではない。けれども実際にそのようなふたつの要素があり、これらは常に対立している。各人は自己の人格と利害関心を有しており、前者はしばしば後者のために売り買いされる。立法府の下院は本質的に様々な利害関心の代表である。下院の決議はしばしば何らかの特殊な利害関心に基づいているといえよう。それ故に、利害関心をもたない政党の判断が要請され、またそもそも上院というものがあれば、それによってそのような判断がなされるべきなのである。上院は特殊利害を抑制し、一般的利害の理念を体現したものに徹するべきだからである。しかし今や、上院のメンバーが選挙されるとしたら、彼らは選挙によって様々な特殊利害を代表している下院のメンバーと同じように、利害関心の虜となるであろう。それ故に、上院は原則として選挙されてはならず、すなわち何らかの特殊利害を代表するものであってはならない。だが、利害関心の欠如は、しばしば知性の欠如を惹起する。

したがって、上院のメンバーのうち何人かの者、ごく何人かの者は、一定の方法で利害が支配する選挙の場へと戻されることになろう[20]。

国家元首には貴族を任命する権利が与えられうる。しかし同時に、上院の見解は貴族議員の大量任命（Pairschub）によって動揺し、このような政府の措置を通じて、立法議会の全決定が無視されることになるかもしれない。したがって貴族の数は常にはっきりと限定されていなければならない。世襲や地位による貴族の数は、当然ながら限定されている。しかし議会のコントロールを一般的な目的とする新貴族の突発的創出には、くれぐれも注意しなければならない。この国（オーストリア）では、

貴族議員の大量任命には制約がなく、そのことは現下の政界における最も深刻な問題のひとつとなっている。(21)

さて、選挙制度の問題に入ろう。民衆が充分に開化した国では、政府の官僚は代表機関のメンバーから外されても構わないだろう。だが、大衆の間に無知がはびこっているところでは、そのようなことは明らかに不利である。それというのも、官僚というのは一般的に民衆よりも上等な教育を受けているか、あるいは少なくとも経験を積んだ人なのであるから、そうした場合議会から極めて有用な要素が奪われてしまうことになろう。

しかしながら、政府の官僚が被選挙権をもってもよいかどうかという問題は、容易に解決できるものではない。(22)それというのも、そこにはジレンマがあるからである。もしも彼らが議会の選挙されたメンバーであったとしたら、彼らはどのような政府であるかにかかわらず、当然に政府を支えるであろう。他方で、もしも彼らが除外されたならば、知識と経験は議会の扉から閉ざされるであろう。この点で政府の官僚に並ぶ者が若干はいるかもしれない。しかしそれでは十分ではない。大いに憂慮すべき点が、別のところで見出される。これら若干の知識人は、立法府の中心メンバーに当然なり、無知な大衆が彼らの指示に盲従することになろう。そのような場合、政党は十分にその力を伸ばすことはできない。というのも、政党の力はその党首のみに依拠するものではなく、集団全体の勢力に依存しているからである。

ヨーロッパでは政府の官僚には被選挙権がある。しかし常にそうではない。官僚が議会の選挙されたメンバーである場合、議席を手にするには政府の承諾を得なければならない。時には政府内における職を辞さなければならないこともあろう。議会のメンバーが政府に地位を占める場合、その者は議席を放棄するか再び立候補しなければならない。前者の場合、問題は政府の官僚が社会の通常の一員として活動しうるかということであり、後者の場合は社会の通常の一員が政府の官僚として活動しうるかということである。

憲制上至当と思われるのは、政府の官僚に被選挙権を与えるが、彼らが政府の職員であると同時に立法府の代議士でもあることを承認する権利を政府にとどめておくこと、そして議員が政府の役職を受けもつことを認めるが、その者が自分たちの代表者であることを拒否する権利を民衆ないし選挙人にとどめておくことである。

既述のように、政府の官僚は他の人々よりも国家の業務に通暁している。それ故、彼らをメンバーとすることは、議会にとっては良いことであろう。しかし、公職を保持することの諾否の決定は政府それ自体がなすものとはいえ、野党の主要な成員は政府内に何の地位も占めていないのが当然であろう。

ヨーロッパ大陸では、議会における政党との関係を理由として官僚を罷免する権力は政府にはない。イギリスやアメリカ合衆国では、公職と政党との関係は密着しており、不可分である。ポストに就いているという幸運は、政党の命運にかかっている。ドイツでは、政府の職務と政党関係はそれほど混ざり合っていない。公務上の知識と経験は、その特殊な価値をそれ自体のうちに有している。したがって、思いのままに官僚を罷免することは、政府のなしうるところではないのである。誰かを免職する必要が生じた場合には、その者にちゃんと年金を与えて退職させなければならない。しかしイギリスやアメリカ合衆国、そして日本でもそうだが、この件は未決の問題にとどまっているように見受けられる。政府や君主や政党の恣意によってポストの与奪がなされる国では、勤務上の功績を定かにすることはできないだろう。

ドイツでは、この件について長い間の経験を有している。大臣の選出のみは、政党関係と合致することもありうるが、政府の通常の業務を執り行う配下の官僚は大臣の一存によって配置され、その際に大臣はその者の評価と雇用を業務の成績に応じて行うべきとされる。したがって、政府の全ポストは、イギリスやアメリカ合衆国のように、政党の意思によって動かしうるものではないのである。

この件との関連では特に、代議士の選挙との関係で三つの条件が検討されるべきである。

(1)　政府の職員が議会のメンバーとなる場合の特別の許可。

(2)　議会のメンバーが政府職員となる場合の再選挙。

(3)　一般人が政府職員となったり、議会のメンバーに選出された場合に干渉されないこと

上院のメンバーに関しては、この件をめぐる状況は至極どうでもよいものであろう。

次に普通選挙の問題に入ろう。これは、平等原理を実行に移すための最も一般的かつ適切な選挙のやり方である。しかしこのケースにおいてすら、主たる問題は、権利の要素を形作るものすべてにおいていかに各人が不平等であろうとも、皆が平等な権利をもつべきであるのか、そして現に平等の傍らで不平等が存在しているのであることを考えれば、その現実を前にしてどこに平等の境界が画されるべきなのか、というものである。平等は事実としては存在しない。したがって、普通選挙は必然的に不平等選挙を含み持つ。換言すれば、有権者資格の問題なしに事をすますことは極めて困難である。子供や女性、精神異常者は、資格を持たず、いわゆる普通選挙と呼ばれるものの選挙権から締め出される。したがってその呼称は、それが表そうとしている事態についての適切な思念を伝えるものではない。

人間の力はその人が物質的かつ非物質的に所有しているものから成っている。前者は財産であり、後者は知性や教養である。もしこれらのものが選挙の基礎をなすのであれば、子供や女性や狂人のうち幾人かの者には選挙権が与えられるべきであろう。普通選挙においては、財産と教養は考慮されない。それというのも、それらを所有していることの審級の基準を定めることは、実現不可能な難事だからである。いわゆる普通選挙とは、年齢、性別、一定の精神的諸条件についての資格を備えた不平等選挙に他ならない。普通選挙のみが財産と教養に関する資格——それらは、正当な基準が無いにもかかわらず、この重大な権利問題に何らかの影響をもたらすべき最重要な二要素である——を不問に付す。

しかし原則面だけから言うと、普通選挙はありうる最良のかたちで目的に答えるものである。

さて、選挙のやり方には二つの方法、すなわち直接選挙と間接選挙がある。普通教育が十分に進展している環境下では、直接選挙がとられるに違いない。しかし教養が十分広範に行き渡っていないところでは、別の方法が望ましい。かくして、教育の平等や一般的な教養がより良く保持されている都市や町なかでは、深刻な不都合なしに前者の方法が行われうるし、同じ条件が期待されえない田舎では、後者の方法の適用がふさわしいだろう。

もちろん、普通選挙はどの人間も（一定の例外はあるが）選挙権をもっていなければならない、と主張する。しかしこの権利が、全く同じ仕方で行使されるべきであるという必要はない。

さて、上述の二つの方法と関連して、さらに二つの選挙のシステムが適用されうる。それらは地方区選挙ないし人的選挙、そして名簿式投票である。ここでわれわれが取り扱うべき問題は、次のようなものである。いくつかの選挙区にわたって一定の数の票をとった人が、その票数においてひとつの選挙区でのみ多数票をとった別の人の票を上回っているにもかかわらず、後者のほうが勝利するべきであるか、である。(23)

これまでのところ、ヨーロッパの選挙の原則はすべて、地区の多数に拠っており、すなわちある特定の地区で候補者が獲得することのできた多数票に依拠していた。したがって、ひとつの地区で多数を取った人が、数ある地区のそれぞれにおいては少数票であるにもかかわらず、それらの票を合わせれば多数となるような人を破ることができたのである。

この原則に対立するのが、名簿式投票のシステムであり、それによれば選挙は特別少数であったにせよ、多数を取った人の有利に決せられる。したがってこのシステムによれば、候補者への票は、全国がひとつの選挙区とされることはないにしても、より広範な選挙人の範囲から集められる。これによると、ある特定の地区の特定な利害は否定され、一般的な利害による特殊な利害の支配、そして様々な特殊利害の妥協の代わりに真の一般利害の統一へのより重点的な配慮をもたらすことが目的とされる。

名簿式投票は、選挙の原理を正しく把握した唯一のものである。しかしその実際の機能は、リストを作成する人に多分に依存しており、したがって政党の数だけの多数のリストが生じることを余儀なくされる。そしてこれらのリストの比較は、当代の政党についての的確なイメージ、そしてそれに伴って世論の全体像についてのイメージを選挙人にもたらすであろう。

しかし名簿式投票は、人々に事態についてのもっと本質的な把握を要求する。ある特定の地区での選挙は、一般人により良くかつより容易に理解されるものである。しかし時が経過するにつれて、われわれは選挙の正道に踏み入らなければならない。この国（オーストリア）では、議員は特定の地域の利害を代表しているに過ぎない。したがって、下院での主たる仕事は、議員の間でのそれらの利害の商業的交換に他ならなくなる(24)。

さて、国民の代表が新設の議会に召集される際ないしはそれ以前に、日本は一定数の選挙区に分けられなければならないだろう。しかしその分割に関しては、大いに配慮が払われなければならない。そのような地区の形成は、日本の新しい憲制の最も重要なポイントのひとつとなるべきである。ひとたび選挙区が作られると、それらを再調整するという難事を将来に引き伸ばすことはほとんど不可能だろう。選挙区の分配は、特定の地域の多数が帝国全体の多数を左右しうるようになされるかもしれない。この危険を回避することができるのは、名簿式投票のみである。

名簿式投票ならびに貴族議員の大量任命の制限は、深刻な政治課題である。それらは言葉だけで理解できるような単なる理論ではない。そこには真の現実的熟慮が必要とされる。ヨーロッパでは、立憲制度が施行され始めたとき、主として身分制の残滓が転用された。身分制に属するものの多くは今日の制度のなかにまだ残っている。しかし日本では、全く新たな建造物が今出来つつある。打破された旧来の道はことごとく、有能な技術者によって太鼓判を押されたあらゆる計画の発展のために掘り返される。建築目的のために最良の資材が使われてなぜいけないのか。

（**附論**）　名簿式投票を実行に移すに際して、各リストに全候補者の名前を記す必要はない。そのリストが配られる地区の住民に最も知られていると思われる人たちの名前だけで十分であろう。総選挙の間隔は二年より短くてはいけないし、三年より長くてもいけない。四年は長すぎるし、一年は短すぎる。

第3章　選挙政策

(A)　抽象的原理：――
すべての国民：だが、少数者が国民の意思の多数を形成できるように、制御されうる。

(B)　政党：――
政党とは、一般的福祉の条件について、同じ考え方をもっている国民の集団である。――
政党政治：選挙への政党の影響：問題。公務員（public functionaries）に被選挙権はあるか、あるとしたらどのような条件においてか。

(C)　国家の高度な政策：――
原理：いかなる政党も選挙を通じて、代表制全体を独占的に支配してはならない。
((α))　君主の貴族院議員任命権：――どの程度?
((β))　有権者の組織化
((γ))　「名簿式投票」：有権者を構成する際の危険：――政党による名簿の作成
少数者の権利：

原理：多数者は公的な地位から少数者を絶対に締め出してはならない。少数者は国家のあらゆる委員会への参加を認められるべきである。

〔右の〕講義案第三章には特別な解説は不要だろう。そこに含まれる問題の多くは、既述のことや以下で論じられることから明瞭に理解されるだろう。

第3部　執行権

序　章(25)

氏族制の時代においては、公共体（Commonwealth）に関しては家長たちが集合して協議を行うのみだった。統治機関の確固とした形態はなかったのである。次の発展段階、すなわち身分制の時代においては、国家の中心は王の人身にあった。彼は様々な等族団体《コーポレーション》の一群に取り巻かれ、それら団体は先の論述で触れたように、各々が特別かつ独立した組織を有していた。そこではまだ国家組織の確固とした一体性はほとんど見られない。われわれが一般に憲制と呼ぶものが初めて見出されるのは、今の時代の黎明期においてである。

もちろん社会発展のこれら三つの段階は、人間の本質の絶えざる変化が徐々にもたらしたものであって、それぞれ移行期があり、一時代の境界期は他の時代のそれと混在している。その結果、二つの時代の間にはっきりとした線引きを行うことはできない。このような発展の仕方はおそらく何事についても見られるであろうが、その一方で相異なった国民と国家は相異なった形態を取っている。ある時代段階において多様な人間が集まって作る現実の環境のもとで、何か一義的で一般的なことが観察されるということはありえないのである。

しかしただひとつ明瞭このうえないことがある。様々の発展段階の各々について、またあらゆる国民の間において、哲学上国家人格の発展に欠かせないとされている諸要素が、萌芽的かあるいは成育したかたちで見出されうるということ、そしてそのような人格の意識が、組織全体の生命そのものだということである。実際、国家組織の際限なき多様性を経験上われわれは知っているが、哲学上それらの多様性はすべて人格的統一やその発展という純粋要素の総計へと還元される。

執行権とは立法府の決定の実現を旨とする権力である。形式的にはそれは、国家意思を行為へと転ぜしめるひとつの有機体と見なされる。歴史的には、国家組織の初期時代には立法府と執行府は同一のものであった。両者は分離独立しておらず、徐々に段階を踏んで互いに分割していったのである。

同一のことについて主人と使用人を一身に兼ねることはできない。したがって、立法作用と執行作用について二つの相異なる機関がなければならない。

絶対政府のもとでは、君主は見かけ上、立法権と執行権を実際に掌っているように思われる。しかし共和派は原則上、君主は執行権の長にしか過ぎないと主張する。だが、およそ君主が立法権の長でも執行権の長でもありえなくなると、彼は単に国家の統一を表象するだけの者となる。とはいっても、彼自身は国家ではない。君主は単なる形式的な裁可者に過ぎない。この意味で君主は国家の元首なのであり、それ以外の意味が理論的にも現実的にもそこに付け加えられるべきではない。

立法府の作用と区別される執行府の作用は、責任を負う大臣によって遂行される。ギリシアとローマではそのような区別はなかった。両国の社会はそれほど発達していなかったのである。政府は様々な役人の雑多な寄せ集めであり、国家の業務は、あの手この手の不明瞭なかたちで彼らに分与されていた。ヨーロッパの絶対君主は大臣を置いていたが、これらの大臣は主権者の意思を執行する者に過ぎなかった。彼らは単なる下僕でしかなく、その権力は主人の恣意に完全に依存していた。立法権と対抗する意味合いでの責任内閣（responsible ministry）という考えが真に生まれたのは、フランス革命のときである。内閣は当時、立法府と分離した有機的組織《オーガニズム》として成立した。そしてそれ以降、内閣は様々な省の大臣の間で分配されていた執行権の統合の表象であった。したがって、今日ではそこには二つの関係性が意味されている。

（1）執行権力の統合の表象、（2）自己の省について一定の規制をなす権力を有している各大臣の職権。もっともその作用は、より高次の権力をもつ内閣全体によって統制される。

さて、内閣の構成を詳細に考察する代わりに、それとの関連でほんのしばらく国家全体の組織を見ておきたい。そうすることで、国家のあらゆる有機的組織の間に介在している密接な関係や、それぞれの組織が相互に不可分であることがさしあたり明瞭に見て取れるであろう。

国家のなかにある一定の行為をなしたいとの意欲があれば、この意欲は上申（statement）のかたちをとって、内閣を通じて君主に上奏される。君主はそれを王室顧問官（cabinet councillors）や私的な助言者たちとともに検討した後、国家評議会（council of state）に送り、そこでいくつかの意見が必要ならば加えられ、それらとともに元の上申は内閣に送り返される。それから内閣はそれを議会に提出し、審議の末に議決されて君主に上奏され、その裁可によって議会の法案は法律となり、執行府によって施行されることとなる。立法府は通常、それ自体では〔法案の〕提出は行わない。法案はまず内閣の前で提起され、上述のような正当な手続き（due proceedings）の後、内閣による法案提出のかたちで議会に送られる。いくつかの例外的なケースにおいては、立法府やそのメンバーが直接君主に上奏し、君主が内閣に命じて議会に特定の法案を提出させるということもありうるだろう。だが今日ではそのようなケースはめったに起こらない。もちろん予算上の統制は、立法府によって常にかつ直接になされる。しかし他の面での統制は一般的に、弾劾のかたちで行われ、そのためにはかなりの独立性をもった特別裁判所が設立されなければならない。

（附論）　代表機関のメンバーは、内閣が携わっているいかなる案件についても質問をする権利をもっている。もちろん、政府が秘密にしておかなければならない点はあり、したがってありのままの答え（open　answer）をしなければならないというわけではない。だが質問権は立法議会に留保されていなければならない。議会が適正に業務を遂行するために、それはどうしても必要だからである。

以下の図は、国家が法律と化し、その執行を行う手順を簡潔に示したものである。

法案の作成
- 1 内閣の説明
- a
  - 2 君主による官房（cabinet）での審議
  - 3 国家評議会による論評

4 法案の提出
- b
  - 5 立法府による審議と議決
  - 6 君主による裁可

7 内閣及び国務大臣による法律の執行
- 8 立法議会と執行府間の争いの裁判所による評定

ドイツやオーストリアでは、官房は存在しない。また、内閣と国家評議会は同一である。イギリスでは官房は内閣によって構成され、枢密院が国家評議会の地位にある。これら三つの機関は別個の体をなさなければならないというわけではないであろうが、立法府は執行府から常に厳格に独立していなければならない。日本では国家評議会の如きもの、官房の如きもの、議会の上院（senate）の如きもの、内閣の如きもの等々が存在しているように見受けられる。しかしそれらのメンバーはすべて混在しており、政府の全組織は混沌とした官僚たちの集団となっていて、そのなかでは互いを区別することは不可能である。やがて、この不定形なかたまりが明確で規則正しいいくつかの部分に整理されていくことであろう。

さて、内閣に戻ろう。各々の大臣は、自らを長とする各管掌省庁の事項についての行政を特任されている。一国の全業務はこれら一定数の特設省庁へと分配される。大臣は自分の配下に、その命に従って行動する「官庁（Behörde）」(26)という組織を有している。その結果、各大臣は特別の管轄権をもたねばならず、そのためにある大臣の職務は他の大臣のそれと抵触してはならないとされ、また、それぞれの大臣は、自己の固有の業務を遂行するために自分の担当官庁の権利を自由に行使できるものとされる。

各大臣の権力は職務上、また地域上制約されていなければならない。そのような権力の制約はあらゆる能動的有機体の本質的条件であり、それ故に常に厳密に画定され、はっきりと明示されていなければならない。

さて、執行権の統一は、「全大臣からなる統一内閣」[27]があって初めて可能である。このような統一内閣の精神は、各特別大臣によって担われ、彼らの命令がさらに下級官吏によって遂行されなければならない。国家元首がこの統一内閣を主宰する場合、それは全体的に「帝国参議会（Reichsrath）」（帝国評議会 the council of the realm）を形成し、この評議会の決定は各大臣に対して法的な効力をもつ。そしてこの決定が立法府の決定に対立するとき、その帰するところは革命である。統一内閣が立法府で多数をとっているとき、後者の精神は国務事項の執行のなかに地歩を築き、その結果、国家の意思と行為は完全に一致する。この一致なくしてはいかなる国家組織も完璧とはいえない。

（**附論**）大臣が官庁に与える指令（order）を命令（ordinance）という。自分の部下と私人との間の争いに関する大臣の決定は、「Avret」[28]と呼ばれる。下級官僚は大臣が指名し、君主によって任命され、法律に従って国民が俸給を払う。しかしその際、法律は大臣の側についていなければならない。そうでなかったら国民によって俸給が支払われることは不可能だろう。官僚への給与について政府と国民が合意しないことはままあるからである。[29]

氏族制や身分制の時代では、正真正銘の政府なるものを見出そうとしても徒労に終る。正真正銘の政府とは、ある特定のものを意味している。他の何かに依存しているような執行府は、決して正真正銘の政府ではない。真正の政府とは、執行機関として、立法府ならびに君主に対して独立した権利を有したときに初めて存立する。執行府が立法府と同じくらいに独立したとき、それは政府といいみじくも呼ばれるものをなす。そしてそれに伴って、職権（the right of service）と呼ぶものが現れる。日本ではそのような権利は見当たらないようにみえる。そうである限り、正真正銘の「官職（“Amt” or office）」はありえない。

任務《サーヴィス》とは、上司が誰であるかにかかわらず、その意思を何の良心の呵責もなしに執行する単純な機械的作業である。固有の権利をもたないのであれば、「官職《アムト》」はありえない。固有の権利をもつと、もはや単なる独裁者の執政道具ではなく、今や国家の「官職《アムト／オフィース》」となり、国家意思の執行のみならず国家活動を真に代表するものとなる。

社会発展の初期段階においては「官職《アムト》」のようなものはなかった。国家が存在しなかったからである。執行府の全体は大勢の家臣によって構成されており、彼らは直属の部下や従者として自分たちの主人ないし君主に奉仕していた。絶対的で受動的な服従が彼らの職務の唯一の条件だったのである。身分制の時代では、「宮廷」の語が流布した。君主を中心として一種の結社《カンパニー》が形成され、君主の周囲には取り巻きたち、すなわち一群の私的な家臣たちがいて、その命令を執り行うための手近な機械的装置となった。これが「宮廷」、あるいは君主制的団体（monarchical corporation）である。しかしこの組織を政府と呼ぶことは決してできない。そこには国家的な法＝権利が何も見出されないからである。

けれども、立憲制の時代の幕が上ると、宮廷はその相貌を変えた。君主は国家の元首となり、その家臣は公的な官僚となった。もっとも、彼らの俸給は公的に支払われるのではなく、直接の上司によってのみ支給された。宮廷は他の諸々の身分制的団体の上位に立っていたに過ぎない。後になって、君主が全能となり、国家の真の主権者として行為するようになると、その個人的な家臣は国家官僚の地位を身につけた。様々の身分制的団体においてなされてきた業務はすべて、君主の命に従うしか能がなく、その意思にあらゆる点で依存しているこれら官僚の掌中へと徐々に徐々に落ちていった。しかし時の経過とともに国家が君主の上位へとその存在を引き上げると、これらの者たちの地位に関して問題が生じる。彼らは依然として君主の寵臣なのだろうか。彼らが行っているのは、厳粛な国家の業務ではないのか。君主は今や国家組織の一員にしか過ぎず、彼らもまた同様に国家のメンバーなのである。彼らは依然として君主の命令に受動的に服するべきなのか。それともむしろ国家の本質に従うべきなのか。

言葉の真の意味での「官職《アムト／オフィース》」とは、国家組織の一部である。国家の権力はそれを媒介にして実現される。自立した働きや自覚した存在をもたない隷属した用具が、最重要の国務を遂行することなど決してできない。おそらく君主は、国家官僚は自分の家臣である、なぜなら自分が彼らをその地位に任命したのであるから、と言うかもしれない。しかしこの任命は、君主が国家組織の一員として有する公的な義務に他ならない。官僚は君主によって任命されるかもしれない。だがいったん任命されると、彼らもまた同じ組織のメンバーとなるのであり、少なくとも彼らには君主によって恣意的に罷免されないという権利が与えられなければならない。

この問題はヨーロッパではほんの三十〜四十年前に決せられ、それによって公務は、宮中事務や通常の業務からはっきりと区別された。前者は「官務《アムト》」であり、後者は「役務（Dienst）」である。日本ではこれまでのところ「官務《アムト》」は無く、「役務《ディーンスト》」のみが存在している。これら二つの地位が互いに厳密に分離され、執行府がただの下僕（Diener）によってではなく、国家官僚（Beamte）のみによって構成される日が早急に訪れること、そのことが日本帝国のために衷心から望まれてならない。

「官僚」は上司の恣意によって異動されてはならない。職務を行っている限り、いかなる君主や大臣も将来の補償なしに彼を罷免するべきではない。官僚には十分な権利が保障されなければならない。そうでなかったらその活動は満足いくものとはなりえない。「品行方正な行いのなされている間（during good behaviour）」とは、うがった表現ではない。行いとは主観的なものである。それを眺める人によって、良くも悪くもなる。いかなる国家官僚も、誰か他の者が下す単なる主観的意見によって評価されることは、それが誰であろうともなされるべきではない。そもそも彼が評価されるとするならば、国家官僚として彼が自らのうちに覚えるべき義務感が、評価の基礎とされなければならない。「官職《アムト》」や「官僚」の語の真義は、裁判官職の性格から理解されよう。裁判官は法律上の権利以外の何物にも服さず、それに則って自己の見解を形作り、正義を執り行う。裁判官は武官と対照させられよう。後者は「官僚」ではない。上司の命令をそれがどのようなものであれ、命ぜられるがままに受け入れなければならず、自分自身の意見というものは、それがどんなに正しいように思われても、もってはならないからである。服従それのみが彼の任務の条件である。国家官僚はそのような者ではない。それは単なる一種の執行機関として立法府や君主に依存した機械的装置ではないのである。正真正銘の政府とは、独立の自律的運動体であり、自らのうちに権利や権力を包含している。機械的な執行機関がそのようなものとなれるのは、国家的生の意識がそのなかに萌し始め、そのメンバーの地位が単なる「役職《ディーンスト》」から真の「官職《アムト》」へと変わっていったときである。

そのようになると、「官職《アムト》」を得ようとする者は、少なくとも次の二つの性質を備えていなければならない。（1）執行しようとする事項についての実践的な知識、（2）国家組織の一部を形作っているという意識、である。前者は実質的な、後者は倫理的な要素で、両者はあらゆる国家官僚にとって不可欠のものであり、それらは大学での教育によって身につけられるべきものである。官僚になろうとする者は学習の過程で、自分が就こうとしている職業に必要な実践的知識を付与してくれる学科のみならず、人間としての義務に関する崇高で気高い理念を呼び起こすような道徳的諸学——特に倫理哲学——をも追求しなければならない。その結果として、「官僚」にはその地位に見合った実践的かつ倫理的知識を具備しているとの資格が要請され、それを証明するための適当な試験に合格することなしには官僚とはなれないという規則が定められていなければならない。

これが国家官僚となる者の第一の条件である。第二の条件は次のようなものである。適切な教育と適正な試験の結果政府内に地位を得た者は、上級権者の意向のみを理由としてその地位を奪われるべきではない、というものである。満足いくかたちで上司に仕えていないだろうとしても、その一方で国家官僚としての義務を適切に遂行しているかもしれないのである。その罷免は、義務を怠っている、あるいは権限に違反していると裁判所が判決で認めた場合にのみなされる。その結果として、官僚がなしたことの責任は上司にではなく、やったその人に帰せられることになる。日本では、下位の官僚が行ったことの全責任は大臣が自ら負う。彼らの任免は大臣が勝手に行うからである。しかしもしも大臣が本当にこれらすべてのことについて責めを負うとしたら、彼は常に難局に置かれることになろう。事実、そこには責任についての実際的な考え方は存在していないように見受けられる。専門的な知識をもっているのだから、下位の官僚を自らの責任において業務に邁進させ、上級権者の恣意に服させないようにせよ。そうしたら大臣は、面倒な難題から解放され、事態は好転するであろう。ここでわれわれは、「懲戒（Entsetzung）」と「分限（Entlassung）」を区別しなければならない。「懲戒」とは、何か積極的な不正ないし義務懈怠をしたという明確な判断（判決を含んだ）の結果としての官僚の罷免である。この場合、年金は支給されない。「分限」は、上司の処分の結果として生じる。通常の義務を行っているのかもしれないが、官職《オフィース》の実際の便益に反していたという場合である。しかしこの場合には、その者には適当な年金が認められなければならない。

さて、官僚生活の第三のポイントに入ろう。すなわち規律である。これはそれ自体官職の本質に根差すものではないが、官僚生活のその他の要因と同じくらい重要なものである。官僚の品行方正さとは、その者が公務に携わっている時やその場所に限定されるべきではない。あらゆる私的関係についてもそうでなければならない。国家官僚であるならばどのような地位にあろうとも、職にふさわしい者たるためには、職務中のみならず、他の場所においても常に品行方正に行為しなければならない。そうでないとしたら、同僚はともに働くことを拒否するであろうし、政府はその顕職にふさわしいように生活することをその者に強いるということもあろう。このことによって、国家には官吏規律の規則を定める権利が与えられる。これらの規則は憲法中に常に規定されているわけではないが、一般的に認められたもので、独立の慣例のかたちで掲げられている。実のところこれは完全に道義的な事柄なのであるが、それなくしては国家の任務には何の尊敬の念も払われえない。

自らの気高い職業にふさわしい生き方のできない国家官僚は、職を辞するか、さもなくば政府によって即座に罷免されなければならない。

以上何段にもわたってわれわれが検討してきたこれら三つの点によって、公職の法＝権利（the right of state service）と呼ばれるものが形作られる。

日本ではあふれるほど大勢の者が、政府に仕官しているように見受けられる。しかし以上のような諸原則が導入されるや、これらの数知れない人の群れは消え去るか、少なくとも規模を小さくするであろう。そして国家の全業務を効率よく遂行するのに適度でちょうどよい数へと何らの障害もなく切り替わるであろう。国家の公職に就任することができるのは、そのための学習を経て適正な試験をパスし、そして生活のうえで厳格な規律という規則を遵守してきた者に限られるべきなのである。実際、帝国の福祉のために据えられたポストを占めるに値する者のみが、国家組織のメンバーたるべきである。しかし避けられない問題がまだ残っているように見受けられる。皇帝〔天皇〕自身が国家の公職という考えをもっているのか、それともいぜんとして政府の官僚は自分の家臣だと考えているか、というものである。もちろんこれはわれわれが決められるべき問題ではない。時が解決するに任せておこう。アメリカ合衆国やイギリス王国では、公職の法＝権利とは未知の事柄である。フランスではそのための特別法がある。ドイツでは、フランスにならって特別法を定めている邦がある一方で、いくつかの邦ではそれは憲法の一部をなしている。

さて、個人が国家の理念をそのあらゆる特殊性にわたってまで実現することは十分に可能なことである。そしてそのようなことが国家官僚についてなされれば、執行機関は真の政府に、すなわち立法府が明らかに国家意思の表明に失敗した様々の場合にそれを補助する存在となる。政府機能のうちほとんど三分の一のものは、まさに立法府によって命じられていないことから成り立っている。完璧な法律のセットというものは存在しているかもしれないが、それによってはいくつかの一時的な必要性ないし変化していく環境に対処することはできないであろうからである。そのような場合や目前の事柄について直接の法規が存在しないときには、政府は何とかして不可避の欠乏を埋め合わせなければならない。このとき、それは立法機能の役割を果たしている。したがって、政府は立法府と並立しているのであり、そしてそうなったときに、それは言葉の真の意味での政府、すなわち繰り返し言及したように単なる道具ではなく、国家という存在の明確な一部となるのである。そのような政府は当然のことながら、それ自身のうちに国家人格の生と意識という崇高な理念をもっていなければならない。この理念によって、政府は運動し行為する。その結果まさに政府の名に恥じないものが、因果の法則にのみ従って作り出される。立法府は社会の運動一般の力は認識しているかもしれないが、絶えざる変化のなかにあるその特殊な統計的諸関係は把握しえないであろう。国家の日々の業務にとって必要なことが何であるかは、目の前の課題に答えることを仕事とする政府のみがそれを知悉している。したがって、政府はその任意に委ねられる様々な特別機能をもつべきなのである。これらの機能についての議論が、行政学を形作るものである。その概略はこの〔執行権についての〕論述の後で瞥見されよう。

さて、執行府が緩やかな発展を経て政府となること、そしてヨーロッパではわれわれが立憲制期と呼ぶ今日になって、その発展の最終段階に達したことを見てきた。それ以来、政府としての執行府は、立法府と同様に自己の固有の権利をもつべきであることが認められてきたのである。事実、ひとつの国家（a body politic）のなかには国家元首や立法府によっては解決することのできない多くの物事が存在する。それらが特に政府に帰属するというのは、ごく当然のことでなければならない。言葉を変えれば、政府は全体としての法律、あるいは完全な意味における国家意思を執行しなければならないのである。そして議会はいかなる行為をもってしても、国家意思を完全に表現できるものではないのであるから、政府はその職務を遂行している間、必要なことを常時補っていかなければならない。

執行とは行為である。そして厳密に言えば大臣は執行行為を自ら行うのではない。彼らは単に執行上の命令を下級官僚に与えるに過ぎず、その下級官僚がその命令を国民に宣するのである。しかし命令に抵抗し、官僚自身もそれを強行する地位にないということがあるかもしれない。その限りでは何も行われず、執行されないままである。本当のところ、大臣の命令が現実に実施されるためには、何らかの実効的な手段が不可欠なのである。この手段というのが、物理的な力を有した警察官である。行政命令が実際に適用されるのは警察によってであり、その対象となるのは当然ながら常に一人ないし複数の人間である。

行政警察（the executive police）には中央と地方、あるいは憲兵（gendarme）と治安官（constable）の二つの種類がある。憲兵は内務省および陸軍省に属する。陸軍省は憲兵の行動について命令を下す権限を認められてはおらず、それは内務大臣の処分に完全に委ねられているものの、その規律は厳格に軍隊的なものだからである。その執行権力は一般的な目的や国家全体のために付与されている。治安官は地方当局に属し、したがってその業務は一定の境界内に限定される。しかし同時に、国家福祉のどの局面もそれに対応した部署を地方警察のなかに有しており、そこには内務行政における「用務員（Amtsdiener）」、司法行政における「廷吏（Gerichtsdiener）」、財務ならびに税務行政における「財務係官（Finazwächter）」などが含まれることもありうる。

執行府の総体は有機的システムである。執行府の各構成員は自分のしなければならない仕事に責任を有している。大臣の命令は何がなされるべきかを伝え、指令はそれがいかになされるべきかを伝える。そして最後の段階を担うのが行政警察であり、システム全体のなかで唯一の行動する権力である。

政府の別の機能に移ろう。それは、最高監督（superintendence）と呼ばれるものである。これは国民のあらゆる環境と運動を知悉し、国家の全領域の現況を考慮することからなっている。この機能は二つの分野に分けられよう。すなわち、統計的監視（statistical observation）と高等警察的監視（high police observation）である。前者は国家の内部やそれとの関連で生じたすべての事物を包含しており、後者は特に国家にとって危険と見なされうるものすべてを対象としている。何か危険なことが発見されると、それを防止するための法案提出権を有している大臣に報告される。高等警察は職務上秘密を守らなければならない。さもないと、危険の真相は何も分からないだろう。問題となりうる危険は次の三種類に分類されよう。（1）憲制上のもの（陰謀、反乱など）、（2）行政上のもの（政府諸機関、すなわち徴税、宗務などに対してなされる行為）、そして（3）個人的なもの（生命や財産に対してなされる行為）である。一時的な予防命令は、憲兵または地方の治安官によって執行される。

しかしこの限りにおいては、政府の関心は社会環境や害悪の予防についての一般的な知識に限定されている。国家の福祉を様々な積極的方法で促進するためには、国民の真の欲求にまで観察の目が向けられるべきである。このために、特別な報告や「アンケート」が主として用いられる。報告とは国家官僚によるある特定テーマについての伝達《コミュニケーション》から成り、「アンケート」とは個人か団体かを問わず、何人かの私人に対して政府が行う質問である。政府が公共の福祉のためになそうとしている処置に関して、特別な情報を得ようと望む場合、政府は「アンケート」を発し、その回答は事態についての十全な言明や意見とともに与えられなければならない。

これらのことは、講義案それ自体について以下で行われる詳論のなかでさらに考察されるだろう。

補　説

序論：――形式的理念：国家意思の実現としての執行――個人の行為や活動とは異なる。

序論：個人についていえば、行為はその人の様々な人体器官の共同作用によって遂行される。それらの器官はそれ自体完全で独立しているとはいえず、中途半端な発展能力しかもたない。これらの不完全な部分が一体となって、ひとりの人間が出来上がる。その者は諸部分より構成されるひとつの全体である。これに対して国家の人格は、様々な完成された有機体、すなわちそれ自体がひとつの全体である相異なった個人格によって構成される。それらは独立したかたちで、そして身体器官との比較においてより高い段階へと自らを発展させることができる。簡潔に言うと、個人が部分によって構成される一方で、国家は完全体より構成される。したがって国家組織においては、人格の部分的要素は全体的な要素、すなわち個人ないしその一団となる。国家意思の実現は（その機関の構成は異なるとはいえ）、意思の実現たる個人の行為と全く同じものである。

執行権の有機的組織。国家人格の力能（force）の有機的組織として、二つの区分要素――領域と労働――を含む。

（A）分類：――

国家のどの部分も有機的な執行機関をもっていなければならない。そしてその機能はどれも同様である。――しかし、国家が共同体の人格的統一であるように、そのなかの多彩な有機的組織は、自ずから有機的統一体を形成しなければならない。したがって、

（B）領域と労働の区分の統一：――

この統一の原理は、国家元首が執行府の長であるというあらゆる公共秩序の原理によって表される〔アメリカ合衆国〕。――この原理の実現は、二つの形態においてなされる。：

――国家元首、八つの省。

（1）執行権上の行為はすべて君主の名においてなされる。また、執行府の成員はすべて国家元首によって任命される。

（2）次に統一が省によって、分業が公務員の一大システムによって実現する。

(C)　法＝権利の公的秩序としての有機的組織：――(30)

省庁システムによるこの統一の保持は、「管轄権限」の原理と法によって与えられる。各大臣は自分自身の管轄権限をもっており、各公務員も同様である。「管轄権限」の争いには、そのための独自の裁判所がなければならない。

組織と原理：大臣と配下の官僚との間における国務遂行のための職務分担は、分業の経済原理に則ってなされる。これは極めて論理的かつ現実的な結論であって、何ら特別の説明を要しない。考慮するべきは単に、その分業が十分になされているか否かである。しかしこのこともまた、ある特定の分業が適用される国家の現実の必要と状況に依存している。例えば、鉄道の敷設やその他の建設作業が国務の重要な部門として進展中であれば、公共事業のための特別の部署を設ける必要がある。同様の理由で、商務や農務のための特別の部局がありうるだろう。これらすべての部門が結合して、ただひとつの省庁をなすだろうとしても、である。かつていくつかのヨーロッパの国々では、独立の警察庁があった。しかし、警察が特に警戒しなければならない危険が消滅したことによって、それは内務省へと統合された。

分業が政府組織の基礎であるのならば、業務を取り扱う各部門は自己の領分のために一定の特別な権威を保持しておかなければならない。そしてこれがその部門の権利となる。君主ないし国家元首は、国家全体についてと同様に、内閣全体にも一体としての性格を与える。けれども、彼は独力では大臣に何らかの命令を行う権利を有しないし、いかなる干渉をもなしえない。そのようなことが行われれば、責任内閣など存在しないだろう。君主が立法府に対して何の権力ももっていないことは、極めて明白である。同様のルールは執行府に対して、より適切には政府に対して適用されるべきである。したがって、各大臣や国家官僚は各自の権限、ないしドイツ語でまさに言うところの「管轄権限（Kompetenz）」（これが意味するのは、「執行権力機関に委任された公務の不可侵性の法的表現」[31]）をもたなければならないということになる。国家官僚の間で、また省庁部局の間で権限争いが生じた場合には、その事案は「管轄権限紛争」のための裁判所に委ねられる。フランスではそのような紛争は、一般的に行政裁判所で決せられる。しかし、contention[32] と特に称される執行権と司法権との間の紛争は、国家評議会（council of state）〔コンセイユ・デタ〕に提訴される。

第2章　執行権の真髄　政府への発展

政府の理念：——かくしてそれは、執行権が立法府と現行法を補充する権力と見なされたときに生まれる。これへの発展は、三つの要素によって特徴付けられる。

（1）執行権が、自らを国家理念の一部と見なし、したがってその発展の一条件と見なすこと。

（2）執行権が、自らの意思で法律の意思を補充するようになること。

（3）そうすることで執行権が自ら自己の「管轄権限」を設定し、それによって完全に責任ある活動主体となること。

これらの発展要素によって、執行権は国家の生活の全局面におけるあらゆる問題、営み、運動へと伸長していく。そして立法権と協調しながら、まさに政府と呼ばれるものとなったのである。

公　務《ステート・サーヴィス》の法＝権利：——(33)

政府の理念の実現のための第一の条件は、政府全体のみならずあらゆる個人メンバーの独立した地位である。このような独立した地位は、公務上の法＝権利として定式化される。臣従——君主の家来ないし家臣など——とは異なる政府の官職という理念。

公務の法＝権利のシステム

（a）任命権——国家元首による

（b）任命の条件——その職のための修学と試験

（c）責任：——システム：——

（1）形式的かつ法的

（2）倫理的

（3）社会的——結果として、規律権

（d）減俸処分権：裁判所における判決——罷免権：恩給

執行権の真髄(34)：執行府は現行法に記されている国家意思の遂行のために、自らの固有の意思をもたなければならない。その結果それが、現行法の限界を越え出た作用を開始した場合に、それは真の政府となるのである。しかしその場合にこの自己運動体（self acting body）の各メンバーは、厳格な責任（Verantwortlichkeit）を負わなければならない。しかしながら、国家官僚が自己の固有の権利を有していない限り、彼らは自ら自覚して行為することはできないし、したがって自らの行為に責任を負うこともできない。この場合、政府の独立はありえない。まず権利を与えよ、そうすれば次に自然の結果として自己意識と責任がもたらされるであろう。だがもっと正確に言えば、執行府が自己の天分を自覚し、全体としての国家意思の形成に参与することは、極めて倫理的な考えなのである。そのような自己意識が、執行府のメンバーに関する実定法によって形作られることはできない。それはそれらメンバーとともに成長していかなければならないものなのである。彼らの間でその意識が十分に発展したときに、単なる執行府の座に真の政府が萌すことになる。

繰り返すが、人が責任を負うものとなるのは、その人が自分自身の意思を得たときのみである。他者の意思によってなされた物事について責めを負うことは不可能である。人は自己の意思にしたがった一連の行為を行うよう自らに命じる。そうしてその者はその行為に責任をもつのである。責任とは常に自由な意思決定のみに付随して生じるものでなければならない。ある物事を行う権限を自ら選択し、そしてそれを実行した者は、その責任を背負わなければならないのである。それ故に責任は執行府とともにある。立法府から手渡された法律を機械的に執行している間は、執行府のメンバーはそれがもたらす結果について何ら責めを負わない。しかしその場合にはその者たちは政府ではない。責任の「反対（Gegensatz）」は服従である。それによって軍隊の任務は理念上、政府の任務から区別される。(35)

政府はそれ自体としては死せる組織である。(36)それに責任を負わしめることはできない。責任ある者とは、自ら思考することが自己の生き方であり精神となっている者以外にはない。したがって形式的な管轄権域は、自らの責任においてこれぞ国家意思と信じることを実行する政府のメンバーによって踰越されることがあるだろう。この点において政府は、国家意思を完璧に書き表すことなど不可能な一般的法律の制定しかなしえない立法府に比べて、格段に力をもっているのである。かつては、立法のみがあらゆる国務のなかで最高かつ最強のものと考えられてきた。それ故、存在したのは立法に関する学問のみであった。執行機関に十分な配慮がなされたことはなかったのであって、それは単なる機械的な道具と考えられていた。しかし今や、能動的政府としての適切な組織を備えた執行府が果たす役割の重要性の故に、政府に関する学問が存在し始めている[37]。

公　務《ステート・サーヴィス》の法＝権利：国家の官職ないし政府の官職への任命とは、その特定の人物に国家の名において行為する権力が授与されることを意味する。そしてその権力とは、政府それ自体の本質に根差している。国家元首はすべての官僚を任命すべしとされ、そのことは彼の形式的義務のひとつである。しかしそうすることは実際的ではないし、また必要でもない。国家官僚の数は莫大なものだからである。したがって、大臣も下位の官僚を何人か任命しなければならない。「任用（Bestellung）[38]」とは、任命された者に公文化された公的な「管轄権限」を付与する行為である。「任用」なきとき、官僚は自分の法的権威を知りえず、義務の遂行に即座に失敗するであろう。「任用」文書に記されている「管轄権限」の通りに行為する限り、いかなる大臣も恩給のかたちでの補償なしにその者を罷免する権利をもたない。「管轄権限」は、同一の官職であっても、そこに任命される人に応じて変わりうる。

イギリスでは政府内に七十ないし八十のポストがあり、それらは在職中の大臣が自由に処分できる。そのことを恩恵授与（patronage）と呼び、大臣は誰でも自分の好む者にその恩恵を与えることができる。アメリカではあらゆる官職上の条件は政党政府の手中にある。官職を得るための試験はいかなるかたちにおいても存在していない。オーストリアとドイツではこの点、より賞賛に値する方法がとられている。官職の種類に応じての修学と試験が不可欠とされているのである。この条件を満たすことなしには、いかなる志願者も官職を得ることなどできない。この点はすでに先の論述で十分に考察したところである。

どの官僚も「任用」に際して割り当てられた義務の遂行に責任がある。地位にあり続ける条件として、彼は法的に定められたことを行うように拘束されている。これが彼の「職務責任（Dienstverantwortlichkeit）」である。しかし他方で、あらゆる官僚は、自己の権威ないし「管轄権限」の執行にあたって誰か他者に対して与えた損害につき、それが何者であれ、補償をなす責めがある。この事案は民事法廷に提訴されることもあるだろう。この責任は「補償責任（Haftung）」と呼ばれる。これによって官僚は、自己の公的権限においてもたらされた損害についてすら備えておかなければならない。

官僚は職務中に行った行為についてのみならず、私生活ならびに社会生活上のすべての行いに責任を有する。この点は序説においてすでにある程度論じておいた。国家の官職にあるための規律面および倫理面の条件を正確に定めることは不可能とはいえ、それを目的とするものが何か必要であることは常に銘記しておかなければならない。いずれにせよ官僚は、諸国民の本性と命運をめぐる強大な力、特に自分の属している国のそれについていくらかのことを把握できるように、歴史と哲学についての十分な知識を備えていなければならない。さらにいえば、官僚が受けなければならない教育と訓練は、義務の遂行にあたって自らが、自然と人間の全組織をまさに概念的に把握し、そしてそこに奉職しているると実感しうるほどのものでなければならない。そこでなされる概念的把握は、現実のうえで自国への愛と自らの生活の清廉とに転化することであろう。

官僚の責任違背の帰結は罷免、ないし行政裁判所（弾劾裁判を含む）への提訴である。しかし民事法廷に委ねられる「補償義務」の場合は、罷免をもたらすことはないだろう。大臣は自ら任務を執り行うことはないが、任務全体の長であり、したがってその責任に関する問題は、議会の上下両院の何人かの議員と数人の最高裁判所判事によって構成される国事裁判所がこれを決定する。この裁判所は憲法上の問題のみを、すなわち立法と行政の間の争訟を判定しなければならない。

政治的には、大臣のみが責任を負う。衆議院内にある政府で説明義務があるのは大臣のみである。その他の官僚は彼に従わなければならない。大臣なきとき、官僚は憲制上トップを擁かないということになる。そのような場合、一人ないし複数の者が、大臣責任なしに日常的な行政事務の処理を行うために選任されることとなろう(39)。

君主ないし国家元首には、大臣を罷免する権利がある。

次に政府機能のさらに詳細な考察へ入ることにしよう。

第4部　政府の機能

第1章　第一の基本的な機能：法律の執行

原理：――

あらゆる抵抗に対して、法律の意思を実現するという義務――国家の名において――しかし、政府の機関によって。

組織：――

（A）執行意思――大臣による定式化、様々な公務員への伝達、下級官吏による公示

（B）執行機関

（1）統一体としての国家について：――

（α）公共の権力

（a）憲兵
（b）執行警察
（c）各市民の政府補助義務
（イギリスの治安官）
（β）地方自治体の警察
（2）各省庁について：「用務員（Amtsdiener）」、「廷吏（Gerichtsdiener）」、「財務警察（Finazpolizaei）」など

（C）個人の自由権との関係における現実の執行上の法＝権利
（1）一般論：
（α）警告（threatening）
（β）課徴
（γ）物理力
（2）各論：
＋住居内における執行権力｛わが住まいはわが城塞（my house is my castle)｝—
—手紙における：——身体的拘束
＋原理：これら三つの形態において執行権には、裁判所の令状が求められる。—
—抵抗した場合、物理力が適用される。

第一の基本的な機能：繰り返し考察してきたように、政府の固有の機能とは機械的な力を使用することであり、その際にはその力を国家のために責任をもって使用しているということ、そしてその力の行使者は国家組織の特定の地位を占めているということが十分に意識されていなければならない。陸海軍は政府をもたない。そこにあるのは命令権力のみであり、それによって各人は機械的な統一体を形作るように仕向けられている。軍隊は人間を服属させるかもしれないが、彼らを統治することはできない。単なる隷属、それが軍隊のなしうるすべてであり、その次の段階へといくことはできない。したがって、指揮官が征服民を統治し始めるや、彼は少なくとも独裁官の形態を取ることになり、単なる征服者や侵略者とは区別される。党派間に争いが生じている場合、それを終らせる最も効果的な手段は純然たる物理的な力であろう。しかしそのようにして闘いが幕を閉じたとき、その無自覚な力は他の党派との協力関係に何か別の要素をもたらすに違いない。

政府機能の第一段階をなすのは、執行作用である。その作用の権力を推進していく人的な焦点となるのが大臣である。彼らはこの権力を分業によって、そしてその結果としての省庁ごとの「管轄権限」によって実現する。彼らのなかに全執行権力は集約されている。それというのも、一般にこの権力は国家元首のもとにあると見なされているとはいえ、その機能は実のところ大臣や何人かの高官の任命以上に出るものではないからである。いったん任命された大臣や高官は、政府のすべての責任をその肩に担うのである。様々な官僚を通じて人々に伝達され、そして必要とあらば物理的な力でもって強制される執行作用に実際に着手するのは大臣なのである。

憲兵とは、あらゆる個人に対して行使される政府の物理的な力である。それは完全な軍事的組織のもとに置かれており、決して自己固有の意思をもつことはできない。したがって執行警察は別個の物理力の組織を構成するが、それは文民的組織のかたちをとる。警察官は自分自身の責任で行動することができる。警察への協力は私人たる国民からもたらされることもあろう。すべての市民には政府の執行作用を助ける道義的義務があり、宣誓のうえで執行の補佐人（helpman）となることもできる。これはイギリスが十分に誇ってよい素晴らしい制度である。しかしこの制度のために、執行作用は軍隊ならびに政府の警察官の手中にのみ委ねられるべしとされてきた。この点は他の国々におけると同様であり、そのため一般的に行政当局と民衆の間に多かれ少なかれしこりができる。この制度によって、上層階級の人々は政府組織を助力するよう求められる。他方で、警察のための国家支出はこれによって大いに節減されよう。市民軍（Bürgergarde, town militia）もまた大いに有益である。それを構成しているのは、自分の属する自治団体の軍事力を担い、そのための訓練を受けた市民の一団である。次に、序説で特に詳細に論及したように、執行警察には様々な「官吏（office servants）」がいる。彼らは組織的なシステムをもたず、各省大臣の特殊執行機関としてその大臣に帰属している。

執行府の全体は固有の権利をもっていなければならない。人間の自由という砦に対抗しなければならないからである。今世紀になるまで、執行権と民衆の間には明確な境界がなかった。民衆は一般に、政府当局に反対する権利をもっていなかった。ところがそれ以降、市民は政府に反対する権利をもっているという事実に関する様々な思想が発展してきた。だがそれと同時に、市民は自ら国家人格の執行機関たるべきことが強調され、またそれ故に、国家の欲することの履行を拒んだり邪魔したりした場合には、それを強制されうるものと力説される。しかし、個人の自由と権利を完全に無視することは不可能である。したがって執行作用の完遂のためには通常、何らかの物理力に訴える以前に、それとは別の手段が使用されている。

警告とは、国家意思の要求する行為へと個人を仕向けるための心理的手段である。この手段が功を奏さなかったときには、罰金が課せられる。それは、同一目的のために個人に加えられる経済的圧力である。これも効果的でない場合には、その者に対して物理力が発動される。

執行作用は時に、現実のものでない危険の防止を目的とすることがある。その証明のために政府は、逮捕、家宅捜索、あるいは手紙の開封によって個人の自由をいくばくか侵害することを余儀なくされる。こういったことは、公共の安全のためには現実問題として不可避のことである。

上記の場合、警察は通常、その特殊な権威を証する令状をもっていなければならない。しかし時には、危険が極めて差し迫っているため、警察が直ちに住居に侵入したり、何者かを捕縛したり、あるいは私文書を没収したりしなければならないこともある。このような場合、警察は令状をもたずに自分たちの責任において行為する権限を与えられている。もちろん、そのような場合にはできるだけ速やかに裁判所に事案が送付されなければならない。しかしながら、これら侵害の三態様は、個人の自由に対する執行機関の特別権をなすものである。

純然たる軍事力が時として、内務事項上の国家意思の遂行のために用いられることがある。しかし、それは決して直ちに実行されるべきではない（これはフランスのシステムである）。まずは単なる警告から始められなければならない。例えば、反乱の際には、軍隊がそれに対して派遣されるであろうが、まず最初に軍隊は反乱者に対して、自発的に解散するよう国家の名において要請しなければならない。そしてそれが拒否された場合に、何人かの者を逮捕することが命じられ、また反乱者が実際に自ら兵器を使用して軍に抵抗するときには、軍隊の規則に則って、行動が起こされる。

政府の執行機関としての軍隊は、特別な権利を有する。「戒厳状態（Belagerungszustand, état de siège）」(40)下では、公共秩序は完全に軍隊の手に委ねられる。戒厳令が通常法に取って代わり、すべての裁判所は閉鎖される。判決は三日以内に下されて執行される。この国（オーストリア）では、ある特定の事態について一種の戒厳状態が宣告される。例えば、東部地域では牛の窃盗が非常にはびこっており、それを犯した者は即座に軍隊へと連行され、「戒厳令（Standrecht, court martial）」に則って審理され、判決を受ける。(41)しかしながらこのような無茶な行政処分は、その地域の民衆を保護するためにのみ取られるものである。そこでは過疎や散住のために、安全のためのより良い、ないし通常の手段が効力をもちえないのである。

しかし上述のように考察してきた今、常に念頭に置いておかなければならないことは、政府の過度の干渉に対して個人の自由と安全を守るために、執行機能の権利には明確な制限が設けられるべきである、ということである。フランスは国民生活のこの重要事に関してはっきりとした立法を行った最初の国という栄誉を担っている。それは革命という血塗られた手によって生み出された最良の成果である。政府が「恣意」のままに行為するよう放置されたとしたら、干渉行為には終わりがないであろう。しかし立法府は今や、政府の行為権能には何らかの限界がなければならないと主張するにいたっている。そしてそのような限界は、憲法の恣意的な文言がなくても、理の当然として、行政のあらゆる部局で設定されているのである。ある者が納税を拒んだとしても、その者に対して戒厳令が布かれることなど決してないだろう。いずれの国務上の部門も明確な一定の合理的原則でもって処理されなければならない。かくして、執行作用が取り組むべき特殊事項と同じだけの特別法が現出することになる。

第2章　第二のより高度な機能：最高監督(42)

理念：事物の現勢についての知識は、政府のあらゆる行為のための必要条件であること。

システム：――

（A）統計：

事物の現勢についての知識――基本的――個人的――統計学：――あらゆる相異なった特殊事実の統合によって構成される。

（B）高等警察：

システム：

危険となりうるものすべてについての知識：公共に対する危険な事物や勢力といった諸要素

（1）政治警察：立憲的公共秩序のあらゆる要素に対する危険のあるところ

（2）行政警察：政府や省庁のあらゆる部局の特殊制度に対する危険

（3）個人警察：私有財産ないし生命に対する危険

原理：

高等警察はあらゆることを知っておかなくてはならないが、何事も行ってはならない。
機関：
警察官と探偵
(C) 政府の指導（government instruction）：——
対象：
公共の福祉と繁栄の要素と条件——立法の立案のために
(α) 官僚の白書《ステートメント》
(β) 特殊問題についての報告（「鑑定（Gutachten）」）
(γ) 公的「アンケート」
形式：
(1) 質問
(2) 回答と情報の収集
(3) 白書《ステートメント》の公表

第二のより高度な機能：最高監督の原理は、万人の本性に由来する必然性に依拠している。行為に先立って、常に意思がなければならない。しかし意思はまず最初に——われわれはここで自由意思と必然という心理学的問題を議論しようとしているのではない——、行為の向けられる対象とのある種の関係のなかに置かれなければならない。その媒体となることができるのは、知識のみである。だが個人の知識は国家の知識と区別されるべきものである。国家はこれまでで最も広範かつ高度な知識をもっていなければならない。実際、国家はその内に存する知識、またそれに関する知識をことごとく手に入れていなければならない。しかしながらそのような知識は、有用かつ有効であるためには必ずしも専門的かつ科学的である必要はない。国家行政の対象となるであろうポイントをすべてクリアーできていれば、大いに十分だろう。とにかく、何らかの知識をもたずには、人間も国家も行為することなどできない。国家が知識を得るための最高監督は、三つの形態からなる。

(A) 統計：統計とは、立法ないし行政上の尺度とは無関係に、あらゆる種類の事物に関する知識をそれが現実にあるがままに集積するものである。集められた素材は、特定の一般的標題のもとに機械的に配列される。その際には専門的ないし特殊的事例については一切考慮されない。項目の基準は行政上の目的に応じて定められる。科学的な分類は、それが絶対に必要とされる場合を除いては必要とされない。したがって、科学的統計と政府統計との間には、大きな相違がある。科学的統計が様々な調査手段に応じて恣意的に処理されうるもので、それどころか、人間が決して関与しないでよいであろうような事柄をも包含しうるのに対して、政府統計と行政の対象との関係は直接的かつ神聖なものでなければならない(43)。

政府統計が扱う事実は常に、混同されるべきでない二つの主要なグループに分かれる。第一のグループに含まれる事実は、不変的で何らかの意図や偶発事なしには変化を被らないもの、すなわち土地や領土などの部門である。第二のグループが含むのは、不断に変化するもの、すなわち人口や生産物などである。不変的事実は常に、可変的事実の尺度の基準となる。ところで、統計情報ができる限り正確であるべきなのは、言うまでもないことである。行政や立法の営みの多くは、それに依拠しなければならないからである。したがって、統計調査のための必要事項がいかに摘示されるかは、最も慎重かつ重要なことがらである。それは十分に画定され、そして誤解のないようにしなければならない。そうでないと、問題となっている事柄の真の状態と大いにかけ離れた印象がもたらされることがありうる。

政府統計それ自体は、科学ではない。しかしそれは、科学が政府に提供することのできる最良の支援である。だが、憲政なくして、有効な政府統計はありえない。憲政によって正確な政府統計がもたらされる。良質の統計を手にしている政治家は、強力な武器を有しているのである。空疎な言葉を埋め合わせる実体がなければ、修飾に富んだ雄弁も、巧妙な論理も、情熱的な身振りも功を奏さない。科学が自然ないし人間社会の一定の一般法則を見つけ出すものであるならば、その研究には恣意的な思惑による束縛は一切加えられてはならない。政府統計は決して科学的たりえない。それは国家の意思に依拠し、その制約を受けざるをえないが、国家は自己の関心のみに基づいて調査対象を確定するからである。そしてこの原則に基づく統計のみが、政府にとって有益なものなのである。人はみな、自己の目的のために統計的な考察を行うであろうが、断片的な知識に依拠してはならない政治家にとっては、それらは何の効果ももたない。それ故、政党の統計は何の力ももちえないのである。政府統計が政党統計となってしまった時、それはもはや何の影響も及ぼしえない。政党統計による検出は十分な注意が払われなければならない。そのためには、当然のことながら、純然たる不偏不党の精神が不可欠である。今日の新聞は大量の統計を行っているが、それらは信頼に足るものでは全然ない。あらゆる政府は、完全に独立した性格の統計を有するべきである。とりわけ財政上の統計は最も重要である。そのために、「税率（Steuerfus[44]、tax rate standard）」と「土地台帳（Kataster, doom book）」の整備が、政府の第一の懸案となる。

(B)　高等警察：これは、政府がその必要とする知識を得るための第二の手段である。統計とは、既存のありのままの事実についての情報に関わるものである。高等警察は、これら既存の事実のなかに潜む危険の兆候を察知することが任務である。通常の警察の公共秩序維持活動は、事実の提供を受けるかたちでのみ進められなければならない。高等警察はそれを越えて、国家に敵対すると証明されうるようなすべての行為や、その国の法律一般に反するあらゆる目論見を監視しなければならない。かくして、高等警察の機能は次の三つに分けられる。

(1)　高等警察は憲制上の危険を明らかとしなければならない。そこには、憲制ないし立法・行政機関に反して計画されるあらゆる種類の営みが含まれる。それが憲法に明記されているか、あるいは事物の本性上確認されることであるかは問われない。

政治改革とは、いかなる個人にとっても危険なものではない。それが危険なのは、既存の憲制に対してのみであるが、憲制それ自体は観念的なものでしかない。

改革の試みは、それが人々の脅威となり始めると、すなわち公共心にそぐわないものとなると、高等警察の注目を引くことになる。この観点からすると、公共の出版物は司法上、しばしば難しい問題となる。出版した記事が政治的危険を惹起したとして、新聞の編集者が起訴されることもあるだろう。だが、その者は次のように言うことだろう。自分の見解が間違っていたら、そもそも危険など存在しない。だが、正しかったとしたら、既存の憲制が正しくないということでなければならない。憲制が誤っているのに、その者をどうやって裁くことができるというのか。

そのような場合は常に、世論を代表する陪審員による判決がなされなければならない。

分別と十分な知識を兼ね備えた人々のグループが憲制上の問題を検討したり、あまつさえ積極的な改革を計画したりしても、政治的な危険はない。けれども、無教養な大衆が何らかの誤った印象を抱いたり、暴動に駆り立てられたりすると、そういった危険が生じる。

公共の出版物と並ぶ高等警察の関心の対象は、政治結社である。しかしそのような結社の目的が極めてオープンなもので――そのような場合、それは「団体（Verein）」(45)と呼ばれる――、単なる信条的事項に自己抑制している限りにおいては、それは何ら危険視されるものではありえない。それが秘密主義をとると――その場合、それは「結団（Verbindung）」と呼ばれる――、それはまさに高等警察の対象とされうる。というのも、秘密とは世論と相容れない何かを含みもつものであり、世論と相容れないということは国家にとって危険なものだからである。

公共の出版物と政治結社は、政治警察の主たる監察対象である。すべてのヨーロッパの政府は、「出版統制局（press bureau）」と呼ばれる下部支局を有しており、そこであらゆる印刷物は入念にチェックされている。しかし印刷物の検閲は、また別個の行政作用に属する。

(2)　行政警察は統治業務の様々な部門にわたる危険を監視しなければならない。それらの危険は、特定の行政制度や省庁に対して向けられる行為によってもたらされる。特に衛生監察や財務・公共活動の監査が、高等警察のこの部分に属する。

(3)　個人警察（personal police）は、個人の身の安全に関わる危険を監視すべきものである。これは主として通常の探偵によって遂行されるが、場合によってはその者によって執行警察の機能が担われることもある。この機能については、以前の章節のいくつかにおいてそのあらかたが論述済みである。

出版統制局、検閲、そして探偵組織の三者が相まって高等警察の一般目的は推し進められる。だが、それら三者の本来の機能は、事実の観察以上のものではない。それ以外の機能はそこには含まれていない。国家が様々な種類の危険を抱えているとき、事態に対処するために特任の大臣を備えた独立の警察部局が創設されよう。通常は、この組織は内務事項の一部をなすものにしか過ぎない。われわれは警察力の国務上の地位は原則として副次的なものであるとの原則に満足しておかなければならない。それが特設されるのは、何らかの不幸な事柄の結果ないし前兆によってである。警察学は、二十年ほど前までは、行政学と同義であった。「ポリツァイ（Polizei）」という言葉は、国家のあらゆる行政を意味していたのである。

(C)　政府の指導（The Government Instruction）：政府がその必要とする知識を得るための第三の、そして最後の手段がこれである。これは今ではヨーロッパのすべての国で組織されている。かつては、政府の指導に基づいてなされた公式白書や一般見解、そして特定の主題についての報告が、情報の唯一のソースであった。しかし「アンケート」のシステムがそれ以後導入され、今や政府に有益な知識を供給する重要な役割を演じている。このテーマについてはすでに一二度言及した。だが、さらに数語を費やしてその目的を完全に説き明かすことは、同じことの繰り返しにはならないであろう。

政府が、その取ろうとしている措置について世論を知ろうとしたとき、そのテーマについての質問を出し、その回答を人々に求める。しかし一般的に、出される質問のほうが、求められる回答以上に重要なものである。立派に定式化された質問は、人々の関心を公共の福祉の適切な観点へと導くであろう。そしてそのことは、人々が政治的問題において政府ほど開化していない場合に特にあてはまる。それ故、質問ならびにその設問の形式は、人々がそれを受け取る以前に十分に熟慮されなければならない。もしもそれらを通じて人々が、政府のみに知らされていたことを知ったならば、当然彼らは多大の新しい印象を受け取り、それによって彼らの一般的精神の方向付けがなされるだろう。人々の回答に関して言うと、それらは非常に正確で信頼のおけるというものではないかもしれないが、少なくともひとつのことが、そこから常に確かめられよう。それはすなわち、その当時の人心の傾向である。

政府はまた、ある一定の特別な業務に携わっている者全員を呼び出し、その業務に特に関わる問題について協議することができる。このことを「諮問（Rath、council）」[46]と呼び、事の本質上容易に分かることだろうが、「アンケート」とは異なる。これらの情報源を十分に組織することは、国家の経営上絶対的に必要なことである。真の政治家とは、民衆の一般的ならびに特別的利害を知っており、国民総体の要望に及ぼすそれらの複合的影響に特に注意を払っている者である。また、その知識をその時の傾向に応じて利用し、この二種類の利害の間に最大限の調和をもたらそうと努力する者のことである。

要約：単純な執行作用とは、法律の物理的強制である。政府はこの物理力を一般的な目的と権利のために用いる。しかしこの執行権力は、市民個人の諸権利によって多かれ少なかれ制約されている。政府の第二の機能は、国家の一般的状態やあらゆる種類の危険、そして民衆のさまざまな利害を知っておくことである。

第3章　最高の機能：立法機能

理念：二重の必要性：——

（1）政府の独立の意思がなければならない。

（2）立法行為への本質的関与。

（1）政府の意思：——

法律とは異なる命令の理論と法：立憲的システムへの歴史的発展。

システム：——

（α）執行命令〔執行文言（executive clause)〕

（β）暫定法律〔行政命令〕

（γ）公共の危険に関する命令：

（1）法律の停止

（2）必要と欠乏のための命令

（2）政府の発案：

政府は、立法府に法案を提出する義務と権利をもつ

（α）法案。省庁によって作成され、国家元首に上奏され、趣旨説明《モチーフ》を添えて立法府に提出される。

（β）趣旨説明：――統計的ならびに政治的。趣旨の防御。

（γ）国家元首によって提示された修正の受け入れ。――法律の形式。

（3）政府の命令権の組織化

（α）「勅令（Reichsordnung）」(47)（国家元首の臨席のもとでの内閣全体の命令ないし提議）どの大臣もこの命令を執行するように義務づけられている。さもなくば、辞職しなければならない。

（β）「省令（Ministerial－Verordnung）」（業務上、大臣の認可を得て発令される命令）

（γ）「官庁の処分（Verfügungen der Behörden）」（個別の大臣がその特別の行政や「管轄権限」(50)について発する命令）――官僚の命令――デクレ（décret）(48)――アレテ（arrêté）――決定――公示（publications）、など。

これは政治学の全体系中最も重要なテーマのひとつである。それというのも、「政府」についての真の理論はこれとともに始まるからである。したがって、再説をいとわずに、いくつかの導入的考察を繰り返させていただこう。

万事を法律で規定することは不可能である。法律とは専ら静態的なものであるが、自然界は動いている。それ故政府は、世界の動きに即応した自己の意思を有するように余儀なくされている。もちろん、いかなる法律も立法対象の本質を認識しているものであるし、またそうであらねばならない。しかし法律が認識しているというその本質は、終りなき変転のなかにあるものなのである。したがって、法律がそれに対して永続的に制御を加えることは不可能となる。法律が万事を制御できるとは、歴史的な想念にしか過ぎず、実際的なものとはいえない。それ故に、法律の及ばないところを補う権力が不可欠であり、そしてそのような権力たる政府は、国家の法律を上回るスケールのものとして把握されなければならないとの結論が導かれる。国家の最高権力と見なされねばならない法律が存在するのに、それ以上の別の権力がなければならないとは、いささか奇異に聞こえるだろう。確かに、立法と行政それぞれが主権者であり、したがって主権者が同時に二つあることは、憲制上ありえない。今や政府は、法律よりも高い地位に自らあり、またことの本質上そうだと考えている。それというのも、前者は後者において表明された意思を凌駕する自分自身の意思を有している、あるいは有していなければならないからである。国民の代表よりも高い地位はないというのが、憲法上の原則である。しかしその国民代表には、政府のほうが本当は自分たちよりもっと力をもっているのではないかという恐れが常につきまとい、また政府のほうもそう考えざるをえない。これは実際のところ、大変に異例なことである。だが、それは大治療の余地があり、異例状態でなくなるであろう類のものである。しかしこの点の特殊な考察に入る前に、問題の筋道をはっきりさせるため、いくつかの歴史的事実に注意を向けよう。

フランス革命の初期の段階では、立法が国家の主たる権力であり、君主は執行作用の長であると公言された。しかしその後君主は、国家のあらゆる必要に応じられるような法律がなければならない、さもなくば自分が独自の意思をもたなければならないと強要した。けれども国民は、万事は公の意思によって構成されるものだと主張した。君主には自らの意思で立法を破壊する権利はないというわけである。その結果は次のようなものであった。君主は法律の不倶戴天の敵と見なされだしたのである。しかし執行府の長としての君主は、国民を統治するために、少なくとも法律の力を借りて、自分の意思を執行しなければならないと考えざるをえなかった。そして彼はそうしたのである。かくして国民は激高した。「君主よ滅びよ。執行機関は存続してもよいが、執行府の意思はあってはならない。行政の手段をもった立法府のみをあらしめよ。政府などいらない」。このようにして君主制は廃止され、国家の新しい形態が莫大な犠牲を払って緒に就いた。「主権は不可分である」、と幾人かの狂信の徒が叫び、「共和国万歳」の歓声とともに君主の首は切り落とされた。

しかし今日、立法府のみで統治ができるだろうか。この問題には、代表機関〔国民公会〕によって構成される自首的な（その長とは大臣に他ならない）執行委員会〔公安委員会〕の設置が解答を与えた。この委員会には政府としての地位が割り当てられ、立法府に法案を提示するものだった。かくして代表機関の主たるメンバーが、今や全体としては主権を失った立法府を支配することとなった。そして、瞬く間に国家の事実上の頭目となったその委員会の長がロベスピエール（Maximilien de Robespierre）だったのである。

第一共和制の原則が要請するところによれば，政府など存在すべきでなく，執行機関のみがあればよかった。しかしその結果は，執行委員会が政府と化し，その長が真の主権者となるというものだった。これは絶対主義でしかない。そこには憲法は微塵も残らなかったのである。ロベスピエールは独裁的な圧政者だった。

これが歴史の論理である。立法府が政府となったとき，専制政治以外の帰結はありえない。そして次のことが生じる。この専制政府の長が軍事力をもったとき，彼は絶対君主となり，憲法は廃止される。もし彼が何ももたないならば，彼は自滅する。クロムウェル（Oliver Cromwell）は自分のベッドの上で死んだ。ロベスピエールはギロチン台の上で息絶えた。

ロベスピエールを没落せしめた要因が，今や「指導部（Directory）」となった。それは立法府から切り離された政府であるが，ここでのそれは責任政府ではなかった。つまり，専制政府だったのである。それは立法のことなど何ら関知せず，それどころかそれを抑圧する。そして自由は消滅する。無答責の政府を統制できる立法府などありえないし，そのような政府から予期できる唯一の結果は，憲法の廃止である。ナポレオン（Napoléon Ier Bonaparte）が舞台に登場し，彼はロベスピエールがしたよりもはるかに容易に役回りを演じた。彼もまた軍隊をもっていた。

血腥い経験から人々が学んだことは、立法府や政府よりも高い地位を掌握しなければならないということであり、それは統治せず、また立法も行わない国家の元首のなかにしか見出せないものだった。かくして、かつての君主が復位した（一八一五年）。立法府も政府も存立していたが、君主はどちらを代表するものでもなかった。ルイ十八世（Louis XVIII）は賢明な君主であり、二つの権力の間の関係は適切な方法で維持された。しかしシャルル十世（Charles X）は、政府と立法府は自分の諮問機関であり、自分に付き従うかさもなくば消え去らなければならないと主張して、かつての道筋へと引き返した。かくして法律は無視され、シャルルは自らを国家にした。立法府と政府は彼から離れ、新たな革命が続いて起こった。

ルイ・フィリップ（Louis Philippe）（一八三〇年）は当初は抑制的で、単なる法律の裁可者や執行府の長であることに満足していた。しかし徐々に彼は、陰謀を計画し始め、「立法者と大臣たちよ！汝らに栄誉と名声を授けよう。朕の法律を作り、朕が意思を執行せよ」と述べだした。そして立法府も執行府も罠にはまったのである。国民は腐敗を認め、国王は退位させられた（一八四八年）。共和制が再び戻り、評議会（committee）が再建された。そしてそれから、同じドラマが繰り返されたのである。ナポレオン三世（Napoléon III）が歩を前に進め、すべてを払いのけ、自ら皇帝と宣言した。彼の登場で唯一の救いだったのが、憲法が発布されたことである〔一八五二年憲法を指す〕。しかし、中枢にあったのは腐敗以外の何物でもなかった。おそらくルイ・フィリップの時よりも事態は悪かっただろう。立法者も大臣もいた。けれども彼らは完全に皇帝に服属していたのである。責任などどこにも見つけ出すことはできなかった。そして最終的にナポレオン三世は、自らの武器で滅んだのである（一八七〇年）。共和制が戻り、政府を掌中にし、それを大統領の付属とした。しかし政府と国家元首が同一化しないように、大統領は四年ごとに選挙されるものとされた。この任期は、それが政府と同一化するには短すぎ、国民がその行いを評価するには十分な長さである。ここで適用されたのは、アメリカの原則である。ワシントンは、もしあまりに長期にわたって大統領であるならば、自分は国家と同一化され、立法府は消失してしまうだろうことを十分にわきまえていた。

ここまでは何も問題はない。しかし憂慮されることは、任期が四年ということが国家元首の知るところとなると、在任期間よりもその完遂が長期にわたるであろうような物事を彼は手がけないのではないかということである。誰であれ、自らかたをつけられないようなことには、したがってその成果を享受できないであろうようなことには、食指を動かさないものである。その結果、大統領の国家の営みに対する関心は減退する。アメリカ合衆国はその良い例である。大統領は自分のお気に入りや友人を政府に迎え入れるが、それが彼のなすすべてである。それというのも、その他のことについては彼は完全に無関心だからである。それ故に、合衆国政府の利害関心は四年しか続かない。個々の国家やその自治政府にとってみれば、この連合は世界で最も哀れな国家だったであろう。

共和制は望ましい国家の形態とはいえない。衆愚にしかすぎない共和主義者など恐れるに足らず、とのビスマルクの洞察にはいくばくかの真理がある。つまるところ、立憲君主制に優る政体はないのである。世襲の君主は将来にわたる利害を考えることができるし、それに応じて振る舞うであろう。いつ統治を始め、いつ退位しなければならないかに関係なしに。君主が個人的な利害ではなく、ひとえに国家統一を表象しているところでは、良き憲制を期待することができるのである！　以上が序論的考察である。

憲制とは精神であり、自己認識である。立法府のみでそれを体現することはできない。憲制は、国民が政府について真の理解を有しているところにおいて、そしてそのようなところにおいてのみ存立する。憲法をもっている国家では、政府とは純然たる執行機関以外の何物でもなく、立法府を除いては国家の意思は形成されえないと一般に考えられている。しかしながらこれは、皮相な見解である。われわれは政府ならびにその不可欠の要素について、もっと理解するべきである。いかなる政府も、その本質上、純然たる執行機関であることはできない。それは少なくともある程度までは、自己の固有の意思をもっていなければならない。その理由はすでに繰り返し述べられてきた。だが、あと一例のみ、財務行政を取り上げておきたい。それは執行作用のみによっては絶対に遂行されえない。法律という言葉と寸分違わず一致している予算などこの世に存在しない。逆に、予算それ自体は法律のごときものである。したがって、予算とは別に、予算意思とでも称しうるものが、予算それ自体よりも高次の意思として存在しなければならない。

かくして政府は、立法府から完全に分離されうるものではなく、それと可能な限り一体であるように、立法府と密接に連立していなければならない。執行ならびに指揮監督機能は、政府の必要条件である。にもかかわらず、その最も重要かつ本質的な機能は、政府固有の意思の執行にある。それは、立法議会への法案の提出のみならず、政府の日常の行政に立法権力が実際に関与することでもある。

だが、国家意思の二つの源泉である立法府と政府がどれほど度々衝突するかということは、歴史の繰り返し教えるところである。この敵対関係は、極めて自然なものであって、よく目にすることができる。したがって、われわれが最も必要としているのはその回避法であり、その最善のものは政府の側に責任の観念があるかということである。国家組織からこれを取り去れば、その存在はたちどころに軋轢と危険の混乱に陥るだろう。それ故に、責任なき大臣ないし代表機関の多数の支持を得ていない大臣は避けなければならない。憲政は、大臣の意思が代議員のそれと調和しているときにのみ健全な条件の下にある。議会のメンバーと同様、大臣たちも国家意思の代表者でなければならないのである。しかし大臣が国会で多数の支持を得ていないとき、それがそのような意思の代表者であることはできないし、そのような大臣によって構成される政府は、憲制上自らの意思で何かをなす権利を有しない。

さて、議論を政府の意思に移そう。当然ながらそこには様々なものが含まれているであろう。しかしその責任は所轄の大臣が常に負っている。もっともすでに一再ならず考察したように、大臣個人はその意思を実行する物理力をもってはおらず、それは一介の執行官の仕事なのであるが。ところで、この可謬的意思は国家全体と関連したものであり、誰か特定の個人と結び付いているわけではない。したがって、それに対して個人が訴訟を起こすことはできない。直接その人に対して執行した当の官僚が不当ないし誤解してそれを行ったという場合を除いて。もちろん、政府意思の執行過程における特別命令としての公的処分に対しては、個人が訴訟を起こすことはできよう。

ここでは、「政府意思ないし命令（Verordnung, government will or ordinance）」と「公的処分ないし指令（Verfügung, official disposition or command）」とを区別しておくことが必要である。両者は互いに厳格に区分されなければならない。政府ないし大臣は常に、「命令」に対して責任を負う。「処分」に関して言うと、それに特に関与した大臣や官僚が、どの程度までそれについて責任を有するかはまだ問題とされている。

官僚や私人が命令の意味をよく分かっていない場合、政府はそれを説明するか、あるいはそれに明確な意味を与えようとし、そしてそれに従ってその命令は実施されることになる。このことを「単純決定（Entscheidung, simple decision）」と呼ぶ。私人が、法的な確信や特殊な利害関係といったある一定の明確な理由にもとづいて命令に異議を唱えるとき、その者はそれを政府に伝えることができる。そしてその異議にもかかわらず、当該の命令がその者に執行されるべきとの明確な指示がなされた場合、その指示は「Arret」[50]と呼ばれる。「Arret」に対して、その者は行政裁判所に提訴することができる。
政府の意思は以下のように分類されよう。
(1) 執行命令。これは単なる執行上の指令に他ならない。対象となるのは、政府によって執行される法律ないし立法府の意思である。そのような命令の末尾には、執行の権限が特定の一人ないし複数の大臣に委ねられるとの国家元首の言明がみられる。これを「執行文言(executive clause)」と呼ぶ。そのような文言が欠けている場合、法律の執行の可能性はなくなる。問題となっている法律の性質によって、どの大臣がそれに関与するかが決められる。しかし、どの大臣がそれを引き受ける権限をもっているかについては、実際のところ現実的な困難がある。それ故、「執行文言」は極めて重要である。それによって、特定の大臣が行政上の責任をはっきりと担うことになるからである。
執行命令は、特定の大臣によって体現される国家の一般意思と見なされよう。そしてこの意思は、執行官の「処分(Verfügung, disposition)」を通じて個々人と接触することになる。
(2) 行政命令。これはまさに政府の意思、あるいは通常呼ばれるところの「暫定法律」である。「暫定法律」という用語は、的確なものではない。厳密に言えば、それはナンセンスである。というのも、ほとんどすべての法は暫定的なものだからである。しかしこの用語は一般的に、国家の現行法の足りない部分を補うための政府の命令について使用される。このような命令を発する権力は政府にある。政府がそれ自体法制定組織と見なされるのは、特にこの点においてである。しかしながら正確には、行政命令は法律ではなく、法律として作用するものにしか過ぎない。それは、国家の法律と同じ力を備えて国民の前に立ちはだかっている。立法府それ自体もこの命令に服するべきであるかは、ひとつの問題である。それというのも、そうした場合事実上二つの立法機関が並存し、政府はその結果完全無欠の権威を身にまとうこととなろう。それ故、行政命令が法律と見なされるのは、議会の次の会期でその存廃が審議されるまででなければならない。

行政命令が通常の法律と見なされうるとすれば、政府はそれに対して責任を負う必要はない。しかしこのことは決して許容できるものではない。そうなった場合、ちょうど示唆したように、政府は事実上絶対的な支配者となるからである。したがって、一般原則として認められてきたこととは、政府は、国家の現行法と抵触しない命令についてのみ無答責だということ、そしてそれを踏み越えると、政府は責任を負うことになるということである。日常的な行政事務の管掌者として、政府は一定の「暫定法律」を定めなければならないとはいえ——それが急を要するものであろうと——、国家の法律を侵害する権利は政府にはない。したがって、行政命令が現行法に違反したとき、政府に対する訴訟が管轄の裁判所へ提起されなければならない。その際に裁判所が判決の基準としなければならないのは常に、その現行法である。

ところで、政府は国家の意思を執行するのみならず、それを充填するべきものである。すなわち、政府は立法府と並立し、後者が独力で問題を解決できないでいるときには、それを援助すべきものなのである。そこから次のような問題が生じる。それは、国務上、行政命令の発令が切に必要とされているという特定の状況のもと、それを行わないことに対して政府は責任を有するか否か、というものである。答えは次のようになる。法的な責任は有しないかもしれないが、いずれにせよそれによって政府は手にしていた信頼を失い、非難や誹謗にさらされても仕方がない。言葉を換えれば、政府はそのような不作為に対して政治的な責任を負う。

(3)　公の危険に関する命令：ここにおいて政府は、国家法の変更や廃止にまでは至らないが、立法府と真正面から対立することになる。政府は時として、ある現行法が引き続き効力をもち続けるならば危険がもたらされるであろうことを理由として、その現行法を停止することがある。この停止は厳格に遵守されなければならない。それというのも、その危険とは立法府そのものを脅威にさらすか、あるいは少なくともその法律の執行を不可能とする性質のものであるかもしれないからである。その法律を停止しなかったならば、政府はその不作為に対して政治的に責任を負うことになる。だが、停止が命じられた場合には、政府はそのような手段へと導いた危険の存在を立証する法的な責任を負う。

その他の危険や危難に際して、政府は権力を行使して、法的な許可なしにそれらを回避する措置を取ることがある。例えば、予算上の規定がなくとも、政府は国家防衛上の急務のため、軍備に一定の国家支出を用いることができる。この場合、それは通常の意味における法律の停止ではない。

最初のケースは国家意思のために政府が行う消極的補足であり、後者は積極的補足である。

以上、政府が自律的意思を有しており、それは立法府の意思とはいえないが、現行法に規定されていない国家意思と目されることのできるものであるとの理論をみてきた。次に政府による法案の提出に議論を移そう。そこにおいてわれわれは、国家意思が実際に法律となる通常のプロセスに政府が参画しているのを認め、それを立法機関そのものの一部と見なすこととなろう。

議会の用語上、「動議（Antrag, motion）」とはあらゆる提案を区別することなく含意しているが、「発議（Entwurf, initiative）」は法律の提案に限定されている。憲法をもたない国家においては、法案の提出など不可能である。専制的主権者には誰も法律を提案することはできない。案件の処理についての単なる報告や示唆ならば提起できるかもしれないが、それらは好き勝手に処分されるだろう。立憲国家ではその反対に、政府は法案の提出をしなければならず、発議はその義務となっている。それ故に政府は、その義務に応じて一定の権利を有している。しかしながら、政府は発議を行うように法律上義務付けられているのではない。したがってこの意味においてその責任は、政治的なものにとどまるのである。

立法府のメンバーならば誰でも法案を提出することができる。この点、政府と何ら異なるところはない。しかしそのようなケースは一般的に極めて稀である。それというのも、提案される法律は常にその時々の行政事案と緊密に関係していなければならないが、それらの事案はその担当となっている機関が最も知悉しているものだからである。法律の発議は大臣を通じてなされるのが、当然ながら最も自然なことである。大臣たちは何が提案されるのがふさわしいかを知っているべきであるし、また最も知っているように見受けられる。そしてそれを知っているならば、その発議を行うのが彼らの義務となる。

立法府において相対立している政党による政府の取り合いがなされている国家では、行政上の知識と能力についてそれら政党間に何ら厳格な区別は行われえない。政府それ自体に特別な比重を置くことはできない。それ故、理論上の困難は一切なしに、立法府のメンバーが発議をなすことができる。しかし官僚の「管轄権限」が良く整備されており、それがはっきりと確立しているその他の国においては、法律の発議は常に政府に由来するものである。イギリスやアメリカ合衆国では、行政組織は完全には発展していない。したがって、発議権は政党の手に残されており、大臣は必ずしも発議した法案の廃案によって辞職する必要はない。ヨーロッパ大陸では、行政法上の法案の不採択は一般的に、それを行った大臣の辞職を決定付ける。(51) 再びイギリスのことについていうと、大臣の地位は政党政治に完全に依存しており、大きな失政がその辞職を帰結しないこともあれば、瑣末なことによってそうなることもありうる。問題となるのは単に、取られた措置がその大臣の所属している政党に有利なものか不利なものか、ということである。おそらく日本では、大蔵大臣のみが自分が特に行った発議と命運をともにさせられ、他のすべての大臣は世論に依存せしめられることとなるのではないだろうか。

ところで、発議とは立法の様々な段階と結び付いたプロセスである。そのことはすでにどこかで述べた。法案の起草は特別な形式で行われなければならない。そしてその内容を適切に体系化し、正確かつ精緻に表現するには、多大の労力と配慮が必要とされる。他方で、そのテーマに関する政府の考えの概要がはっきりと見て取れ、立法府において誤解されないために、発議の「趣旨説明」が十分に書き記されていなければならない。趣旨説明は何らかの統計的政治的あるいは社会的事由に基づくことがあろう。政治家は常に、法案の提出へと至った理由と要因を語る。法案をめぐる攻防はそういった事実に大いに依拠している。

議会において法案がいかなる帰結をみるかは、その検討を委託された委員会の決定や修正に依存している。その技術的な部分を一般の議員が十分に理解することは不可能である。そういった部分は特に委員会によって取り扱われなければならない。もちろん、大臣は委員会での議論や協議に参加することが許される。ここにおいて法案は多くの変更を被るであろうし、また通常被ることになる。それは極めて本質的な点にまで及ぶことがある。それ故その検討には、当該のテーマに関する経験豊富な専門家数名のあらゆる技術と知識が必要とされ、委員会のメンバーにはそのような者が選出されるべきなのである。かくして実質的な問題が委員会において決定され、法案は議会全体での政治的討論の対象となる。法案の政治的側面は議場で討議され、その技術的側面は委員会で議論されるというのがルールである。およそどの法案にもこの二つの側面が含まれている。

予算は国務上のすべての支出の草案ないし議案である。したがって、そこにはすべての省庁の特殊事情が包含されており、その各々が特別の委員会での議論を必要としている。イギリスの予算制度においては、そのような特別の議論は存在しない。そこではそのような方向に事態は進展していないのである。大陸のシステムは、自由度は劣るとしても、より良く組織されている。予算のどの部分についても、様々な省庁上の問題や特殊問題の質疑と議論が可能である。

法案が議会の両院を通過した後、それは国家元首に上奏され、法律の形式を得るための裁可を受ける。その裁可について元首が行う声明のなかでは、相変わらず「われわれは指示する」とか「われわれは命じる」という文言が使われる。それは、元首の命令と国家の法律とが同一物であり、すなわち言葉の正確な意味における法律が存在していなかったかつての専制政治の時代の遺物である。法律とは憲法とともに起こり、ともに在るものなのである。憲法がなければ法律もない。国民の代表による同意は立法にとって不可欠のものである。そしてこの同意は、政府の発議によって導かれ、もたらされる。国家元首はそれについて何の責任も有しない。彼のなさなければならないことは、国家の意思を形成する適正な手続を経た後に裁可が必要とされればそれを行うこと、これのみである。

政府の命令とは立法なき国家意思であることはすでに見たところであるが、法律とは政府によって定式化され、立法府の同意を得、国家元首により裁可ないし「命令」されて国家運営のルールとなった国家意思である。政府の命令は、幾人かの国務大臣が発することもできれば、内閣全体が国家元首と連携して発することもできる。前者あるいは省令は、後者あるいはいわゆる勅令（the Imperial ordinance, Reichsordnung)[53] とは異なる。少なくとも次の重要な一点において。勅令については全政府が責任を負う。法的な責任である。省令については、責任を負うのはそれを管轄する大臣のみである。イギリスではそのような区別がないが、この点は極めて重要なことなので少し説明が必要である。勅令はどの大臣にとっても法律としての効力がある。それに同意しない者は職を辞さなければならない。そうしない場合、その者は決して責任を免れない。一八三〇年七月にシャルル十世は全閣僚に諮り、出版の自由の廃止を提言した。[53] それに対して何人かの大臣は同意し、何人かは拒んだが、彼らは職にとどまった。その後すべての大臣は例外なく弾劾された。二十年前、プロイセンの君主は陸軍の改革にあたって特別の補助金を望んだが、議会はそれを認めなかった。そうすると君主は内閣全体の同意を得て、必要額の供与を大蔵大臣に命じ、彼はその命令に服した。議会は大臣に対する弾劾動議を行ったが、君主はそれを裁可せず、何の効果もみずに失敗に帰した。そこで議会は税金の供出拒否を決議したが、君主は国庫からの支出を主張し、予算なしに増税がなされた。これはもちろん、プロイセン憲法の明白な違反である。[54] 大蔵大臣と同様、内閣全体がこのことすべてに責任があった。辞職することなく勅令に従ったからである。

イギリスでは法律、命令、慣習は完全に混交している。そこには共通法（common law）というものはない。いわゆる「コモン・ロー」とは様々な慣習の織り成すいびつな歴史に他ならない。しかし次のような区別はなされるかもしれない。「議会のなかの女王（Queen in Parliament）」は立法の権威を持ち、「内閣のなかの女王（Queen in Council）」は命令を発しうるのみ、と。「処分」、「アレテ」、「単純決定」等々についてはすでに以前に説明の機会があった。そこでただちに、結論に移ろう。

政府の理念はその機能のひとつによって定義できるものではないし、そのひとつの機能も数語で説明できるものではない。政府の理念を包含した諸理念の複合的全体を十全に分析した先人はいない。この問題はほんの最近のものなのである。かつては立法のみが政治哲学者の思想を占拠してきた。政府組織の謎に思想家が専心しなければならない時代が今まさに到来したのである。

第5部　立憲的調和

原理：——

これらの有機的諸要素の自己作用的人格：国家元首、立法府、そして執行府は、それぞれの独立した行為によって相互に紛争を来たす可能性がある。それらの間の調和は、すべての立憲生活とその発展のための必要条件である。——したがって、国家はその有機的本質上、この調和をこれら三つの独立した有機的組織の偶発的で恣意的な意見ないし挙動に委ねておくことはできない。——それ故、立憲国家には第四の有機的要素がなければならない。それは立憲制の全体生活の浸透と貫徹に従事し、立憲的調和の創造と回復のために独自の方法で作用する。この要素は、一面では精神的なものであり、一面では立憲的なものである。

国家が完全な静穏と安息のなかにとこしえに身を横たえ、どこか平穏な港の岸辺にあってその多様な構成要素どうしの衝突——特に立法府の意思と政府の意思との争い——から免れていられることなど考えられない。歴史が教えるのは、これら二つの要素間の対立は継続して生起するものであり、立法府は一貫して執行府たろうとし、逆もまた真であるということである。これら二つの権力間に何ら調整手段がないとき、双方の破滅とその結果としての国家の崩壊は不可避である。国家の存在と発展が円滑かつ幸福に歩を刻んでいけるように、可能ならば葛藤を未然に防がなければならない。

いずれにせよ、調和を保つことはこれらの要素には委ねておけない。それらは終りなき対立のなかにあるか、少なくともそのような傾向にあるからである。調和を保持するための権力として、第三の要素が不可欠である。風と水の間の油である。この要素は特別の裁判所によってもたらされうると一般に考えられてきた。実際のところそれは調和を保つための、あるいはむしろ対立が生じた後にそれを修復するための極めて重要で不可欠の手段である。しかしいずれにせよ、それはこの目的のための手段を完璧に網羅したものとはいえない。まずわれわれはこの手段のもうひとつの側面、「精神的要素」と称することのできる側面を考察してみよう。それは前述の特別裁判所を含意する「立憲的要素」、あるいはもっと抽象的に述べれば「司法的要素」とは対照的なものである。

第1章　精神的要素

理念：――
調和のとれた国家生活は、あらゆる文明的発展の一大条件である。この原理は、各市民の生活全体のなかで、また政府のあらゆる有機的組織のなかで自覚されていなければならない。――この原理の具体化は、三重のかたちで見られる。

（A）愛国心：国家の幸不幸に対する感情――自尊心――犠牲に供する覚悟――立法府や執行機関に対しても。

（B）倫理的：――個人の生活と発展の絶対的条件として一体性を把握すること。――個人の哲学と道徳―立法府や執行機関に属するすべての事物や作用に対しても。〔官吏――国家の任務〕

（C）知的：全体的利害を個別的利害の上位に置くことの実質的必要性――およびそのための個人的活動――の認識。

「精神的要素」：――立憲的調和のこの第一の側面は、自らが属する国家の事柄に多かれ少なかれ関心を寄せざるをえないというあらゆる個人の最高の本質に根差している。相対する諸権力間の調和が崩れそうなとき、人々はそれを予見することもできるだろうし、差し迫る対立を避けようとするであろう。しかし、もしも事態があまりに進んでいて、世論や言論による解決では抑えられない場合、人命や血が鎮撫の生贄として争いの祭壇に即座に捧げられることになる。例えば、政府が民衆のあらゆる反対の示威運動にもかかわらず、国家組織の範域から立法府を除去した場合、聖なる調和の侵害を治癒するのは革命をおいてほかにないに違いない。

人々が自国の幸福に関心を抱き、自分たち自身を進んでそのための犠牲に供するのは、愛、本能的な愛の故であり、それ以外には考えられない。本性上、われわれは全体——国家——の一部であると意識している。しかし同時に、思考する精神は本能的な衝迫のみで動かされるものでもないだろう。人間は本性的な意識のみによってなされた行為へと駆り立てられてはならないのである。まず思考し、そして行為しなければならない。そして人間とはそうするものなのである。したがって、愛国心は不可欠だが、それを自分自身のために作り出さなければならないというように思考を鍛えねばならない。これが「立憲的調和の倫理的要素」と呼ばれうるものであり、国家の構成員は公的な存在であるか私人であるかに関わりなく、全員がこれを有するべきである。しかし確認しておかなければならないことは、この倫理的要素が特定の知的思考の賜物であり、単なる動物的熱情の産物ではないということである。

　したがって、立憲的調和を維持するための最も重大な役割のひとつを演じるのが教育である。国家の構成員はすべて、憲制の真の理念によって精神に刺激が与えられるように教育されなければならない。哲学――特に道徳哲学――と歴史の一般的知識は、この目的のために絶対的に必要である。かつては本性によってのみなされていたことが、今日では人為的な手段で成し遂げられなければならない。一般教育と大学でのトレーニングは、この最も重要な目的に向けられるべきである。知性の陶冶とは、国家組織の実質的な必要とその高度な把握を熟慮するというかたちでなされるべきものである。法律家的な、あるいは科学者きどりの傾向の行き過ぎは、高貴でもっと崇高な思想的課題によって修正されるべきである。法や科学は専門的知識の要素として不可欠である。しかしそれらはその信奉者に道徳的存在についての気高い理念を何も与えることはできない。教育者ならびに教育事項に従事することを義務とする人たちは、知性の陶冶には特殊の目的のみならず一般的な目的もあるという点に注意を集中させるべきである。各人の利得は全体の利得に依拠している。功利主義が説き明かしているのは、良く組織された憲制は、経済的な観点のうえでも有益だということである。調和のとれた憲制は、功利の一要素である。「政治経済学」という名称は、経済と憲制の間に密接なつながりがあるということを示している。

　したがって、全体の福祉は個人の幸福の条件であるという原則を掲げない教育システムなどあってはならない。国家の究極的な目的は、その活動を民衆一般の経済に適合させることである。そして国家を構成する個人は、誰でもこの目的のために奮闘しなければならない。

　イギリスやフランスにおける自由は、政府に反対する自由以外の何ものでもなかったように思われる。そして実際三十年前までは、自由とは政府に反対することのなかにあった。これは極めて正当なことだった。それというのも、当時の政府は民衆とは異なった利害関心をもつ輩のみによって構成されていたからである。しかし反対すべきものが何もないならば、自由はないのだろうか。そう、国家の福祉のために個人の幸福を犠牲にするという自由が常にあるはずなのである！

　日本において新たな憲制を形成するにあたっての最大の困難のひとつは、様々な種類の人々の間で教育が相異なっているということにあるように見受けられる。年配の日本人は立憲思想を何ももたずに育ってきた。彼らは新しい憲制よりもかつての秩序を愛している。しかし新しい憲制は、若い世代や正確な知識を得ている世代が信じているように、国民生活の発展のために真に必要なものなのである。教育の違いという難問は、民衆の側と同様、政府の側においても、そこでのあらゆる出来事やそのあらゆる努力の前に立ちはだかっているとみて間違いない。

第2章　立憲的要素

システム：——

理念：精神的原理は、憲法上の法＝権利と制度のシステムへと自らを発展させる。これらの法＝権利や制度は、国家の人格的要素のシステムによって、体系的な形態と秩序を身につける。

（A）国家元首—君主—の憲法上の法＝権利：——

理念：君主はすべての相異なった階級、利害、発展を統一する象徴であらねばならない。——君主が党閥主義者になってしまうと、国家の危機である。

法＝権利：「君主は過ちをなし得ず」（個人的な行為について）。——「君主は君臨すれど、統治せず」（個人的、また一時的利害関心をもたない）：君主は将来の発展のための究極的かつ最高の要素が何であるかを知っておかなければならない。——経世倫理。

紛争の場での権力：君主は、紛争が生じても、自ら事態に決定を下すことはできない。調和のために政府の人材を任命したり、立法府の一定の部分〔上院〕に影響を与えることができるのみである。——拒否権。

（B）　立法府と執行府の憲法上の権利の対立：――

理念：執行府のすべての行為と努力は、国家にとって必要なことという意識によって導かれる。

（1）　精神的ないし「政治的」調和：――

（α）　まず第一に必要なのは、立法権力の精神との調和のとれた一体性である。――重要な点においてこの一体性が認められることは、政府への公的な信任である。――その表現：立法府における多数票――少数であれば、辞職。

（β）　しかし、もしも国家元首と執行権力が、既存の多数が世論を代表していないと確信するならば、――議院の解散。

（γ）　公的な信任の問題は、すべての法案において多数であるべきものではない。――少数においてすら信任がある――しかし、もし調和がおぼつかなくなると――内閣の問題〔世論の反対〔出版物、公共の集会、解散など〕――そして議会の場での反対投票〕

（2）　政府の特別な行為における調和：

（(α)）　統一体としての政府：――

理念：政府のあらゆる作用は、多かれ少なかれ個としての性格をもつ。それ故、それらは命令の三形態（執行、立法、停止）のかたちで、現行法に真っ向から対立することもありうる。

原理：法律と命令の原則的統一と調和は、責任を通じて現実のものとなる。

（a）政治的責任：——衆議院における公の討議。

（b）司法的責任：——弾劾〔立憲的〕

（1）憲制への直接的侵害作用に対する訴訟。

（2）弾劾裁判所——

「国事裁判所（Staatsgerichtshof）」——

その構成：

下院のメンバー。

上院のメンバー。

裁判官。

控訴なし。君主による恩赦なし。

（3）手続：弾劾の動議——投票——弾劾の議案——公的訴追者〔検事総長ないし選出された告発人〕

（4）犯罪：統一体としての政府の単一かつ一定の制約された作用。

解職——刑罰——

（β）個々の大臣：――

理念：行政活動の個々の部分と現行法との同一性（大臣の「管轄権限」内部での命令）

（a）単独の大臣の政治的責任（苦情――衆議院への不服の申し立て）

（b）単独の大臣の司法的責任：――[55]

（1）原理：

法律と直接に矛盾する作用はすべて司法上なかったものとされ、効力をもたない。

（2）そのような作用に対する不服を、大臣自身が決することはできない。

（3）したがって、判決のための特別の訴訟手続と「管轄権限」を有する特別裁判所の設置。「行政裁判所（Verwaltungsgerichtshof）」――「コンセイユ・デタ（Conseil d'etat）」――（イギリスでは民事裁判所）。――手続：通常の民事法廷と同様：――原告：被告（官僚によって代表される大臣）：公開。――判決：大臣自身を有罪と判決することは決してできない。問題の命令とその存在が違法であるとの宣告ができるにとどまる。

（c）　大臣が犯罪を犯した場合、彼は通常の刑事法廷で法律と対面するであろう。これは憲制とは関係のないものである。

（γ）　補償の法＝権利：(56)——
理念：違法な命令によって、金銭的損害が生じた場合：
（a）　民事訴訟の問題。裁判所：民事法廷。手続：民事的。執行：民事的。
（b）　官僚の作用に対して国家は責任を負うか。法律の執行において、損害が生じた場合——責任あり。——政府権力の濫用によって生じた場合——責任なし。

立憲的要素：——立憲的調和の精神的要素は各個人の人格的生活のなかに含まれている。これら個人が一体となったとき、そのなかには当然の如く、同じ要素が強化された形式において現れる。この要素は今や自らを立憲的な法＝権利や制度へと発展させ、それを具えた国家は諸個人の統一体となり、ひとつの人格的存在のように行為する。これらの法＝権利や制度は次に、その体系的な形態を国家人格の有機的組織と適合させる。それらの機能は既存の憲法に規定されているか、そうでない場合はそれらの特性によって定められている。

「君主は過ちをなしえず」とは古い定言であり、様々な意味の微妙なあやをもっている。だが立憲的な意味においてそれが示しているのは、君主はその身を完全に立法権や執行権の埒外に置いているということに他ならない。換言すれば、国家元首は立法機能ないし執行機能の両者について、何も実質的なことをしないでよいということである。元首は進行中のいかなる国家活動にも干渉してはならない。元首のなすことは現実性のあることではなく、形式的なもののみであるべきである。それ故に、彼は過ちをなしえないのである。

かくして、君主は君臨すれど統治せず、とされる。君主は大臣に命令を下して彼を従わせることや、大臣のなすべき仕事を自ら行うべきではない。君主はいかなる国家事項にも自ら介入すべきではないのである。国家統一の具現としての君主がなしうることとは、立法府と政府という二つの国家権力間の調和を保つことに限られている。そのようなものとして、君主は独り全体の利益のために屹立しているのである。君主は政党の指導者であってはならないし、裁判官ですらあってはならない。憲制上の紛争に際して彼に許されているのは、調和の維持に有益な人物を任命すること、それがすべてである。

ここでわれわれは、国家元首の有する拒否権という重要な問題を議論しなければならない。「拒否権」とは防御を意味するが、ローマの護民官が行使していたように、貴族の意思に対する民衆の利害の防御を意味するものでもある。今では立法府の決定は国民の一般意思であり、それ故に国家の一般意思である。では、君主はこの意思に対していかなる権利をもっているのか。拒否権は疑問の多い権利ではないのか。

この問題を考えるにあたって留意しておかなければならないのは、多数とは満場一致とはかなり異なるということである。多数とは非常に規模の小さなものかもしれず、少数と踵を接していることもあるだろう。したがって、立法府が公正に国民の一般意思を代表していることが認められるとしても、そこでの多数票が国家意思を決定するものとして十分とは見なされ難いというケースもありうる。さて、政府についてこれまで述べられてきたことを思い返してみれば、立法議会において小規模の多数に対して大規模の少数が存在するという事実が意味しているのは、立憲的調和が解体に瀕しているということである。そして同時に、質と量の問題が法案の通過に際して配慮されなければならない。これらの点を考慮して拒否権の行使が提起され、正当化される。アメリカ合衆国やスカンジナビアの君主国では、制限された拒否権しかない。しかし、それは先ほどの見解に則った場合に正当化される。すなわち、小規模の多数がその意見を大規模の少数に対して押し通そうとした場合に、国家元首はその権利を行使できるのである。他方で、満場一致や圧倒的多数——全議員の三分の二以上に達する——の場合には、拒否権は発動されてはならない。議会が真に国民の意思を代表しているかどうかが問題となっていても、である。その他のケースにおいては、拒否権の行使はナンセンスであり、じじつ国家元首は大権の行使を誤ったものと見なされる。

別のテーマに入って、国民の意思である。これはほとんど常に内紛状態にある。その点は公共の出版物に体現されている。各新聞紙は争い合う党派の裁判官ないし弁護人となる。しかし、新聞の報道は個々の人々一般に向けてのみなされる。争っている党派は自ら連合や集会を行い、そこで自分たちの仕事に従事する。

いずれのケースにおいても、問題の対象は眼前で行われている現実的かつ実際的な事柄である。そしてこれらの事柄によって形成される概念は、移ろいゆくドラマの場面場面にしか過ぎない。何人かの哲学者の頭脳には、これらの事柄についてより崇高で気高い概念が生じるかもしれない。だが一般的に言えば、日常の具体的な現実を伝えるものであるそれらの概念が、その場で何がしかの役割を演じることは滅多にないのである。

しかしながら、その限りでは争いは純粋に精神的なものだと言うことができよう。これが衆議院に移されると、議会的ないし政治的争いとなる。そうした場合、内閣は反対者に直面し、議院の信任が問題となってくる。これはまことに重大な問題である。別のケースにおいては、内閣は少数派であるにもかかわらず、権力の座に居続けるかもしれない。しかしこの場合、もしも内閣がいかなる多数派をも形成できないのであれば、内閣は辞職しなければならない。また、内閣が何らかのかたちで多数を取ることができたとしても、それは強大なものでなければならない。そうでないと、その権力はわずかな信任のうえにしか立っていないことになる。

しかしここで大きな問題となるのが、信任ないし不信任は議院に集う代議士たちの選好にのみ限られてよいのか、ということである。短期間のうちに国民の意思が若干変化し、逆の傾向性をとっていることも考えられる。それ故に国家元首は議会の解散権を有し、その結果内閣の信任を国民自らが決するということもある。かくして議会が解散されると、各選挙区においてその固有の性格や傾向に応じて公的な選択がなされ、国政選挙の結果によって政府の命運が定まり、そうして調和の乱れは新たに回復されることになる。

次に、立憲的調和の司法的要素に入ろう。政府の行為はすべて公的な判断のもとにあり、議会において批判にさらされうる。政府が純然たる執行府にとどまる限り、国法を破ることなどないだろう。しかしそれは独立の自律した意思を備えた一個の人格をなすものであるから、その命令やその他の何らかの方法を通じて誤りをなすであろうし、あるいは少なくともそうすることが予想されうる。そうした場合、それに対して弾劾が提起されることとなろう。

弾劾は、政府が憲法に違反している、あるいは担うべき信任に背馳しているとの告発によって開始される。そして事案は国事裁判所（Staatsgerichthof）に委ねられる。そこへと出頭し、弾劾に答える司法上の責任を政府は負っている。弾劾がなければ、国家には憲法上いかなる権利も存しないだろう。しかしながら、代議院における多数票という支持がなければ、いかなる弾劾も不可能である。代議士の多数はそれ〔弾劾〕を必要なものと考えなければならない。そのように考えることは、民衆が憲法ならびにその権力について有している自覚の現れである。

弾劾の動議は一定の形式においてなされなければならない。政府の犯した誤り、ないし犯したと考えられるそれは、採決がなされる前に克明に陳述され、十分に議論されなければならない。ここで多数が動議に賛成したとき、告発は国事裁判所へと移送される。

訴追者の役を担う代表機関は、同時に裁判官たることはできない。国事裁判所は混成的性格のものでなければならない。そのメンバーは上院と下院、そしてその国の最高の裁判官たちから選ばれる。もちろん政府は、裁判所の審理に異を唱える権利をもたない。通常の検事総長が関与するべきではなく、裁判所はこのために特別の検察官を選任しなければならない。

さて、裁判所が決定しなければならない問題は、政府が憲法違反の罪を犯したかということである。裁判所が政府に下しうる刑罰をはっきりと定めた法律は存在しない。しかしひとつの確立した原則があり、それによれば国家元首は裁判所の下した判決を覆したり、無効としたりする権利をもたないし、告発された政府が控訴できるより上級の権威もありえないのである。

弾劾は常に革命と一線上にある。国事裁判所では、憲法違反の行為以外が討議されるべきではない。また、政府は一個の人格ないし統一体として見なされるべきである。各大臣が単独の人格と見なされるや、事態は極めて異なってくる。各大臣は固有の権利と責任をもつ。望むならば、政府一般の同意すらなしに憲法を侵害することも可能である。この場合、単独の大臣はいかに処遇されるべきであろうか。形式上、この種の問題はそれほど考慮されてきたわけではない。関心が寄せられていたのは、内閣総体に対してのみであった。過去二十年の間、この問題は大きな関心をもって検討され、単独の大臣がその特別な公務上の行為の故に国事裁判所で裁かれるべきではないとの結論に達した。なぜならばそれらの行為が憲法に従ってのものと見なされることは滅多にありえないからである。とはいえ、これらの行為があらゆる司法審査を免れてよいというわけではない。ある種の裁判所がこの目的のために設置されねばならない。そしてどのような種類の裁判所であるべきかは、真剣な検討の対象である。

イギリスでは官僚の行為はいずれも、通常裁判所の管轄のもとにある。この目的のための特別な裁判所は存在しない。しかし同時に、その種の訴訟には莫大な費用と困難が求められている。結果として、執行権力に対して訴えを提起する機会はほとんどない。フランスではかなり異なったシステムが存在しており、それは若干の修正を受けてドイツに取り入れられた。

請願とは、一人ないし複数の市民が何らかの個人的ないし一般的事柄に関して法律や行政的措置が欠如していることに対して行う上申である。それは事情に応じて、立法府ならびに政府に――あるいはその特別の部署に対しても――提起できる。

異議申し立ては、別種の上申であり、国家官僚の執行行為における違法に対する告発である。これは一般的に、法律違反を訴えられた者よりもワンランク上位の官僚に提起される。その違反が、上からの何らかの執行命令の単なる誤解に起因したものかもしれないからである。フランスではそのような異議申し立ては、概して知事によって決せられ、そして「コンセイユ・デタ」への控訴が許されている。その他にも、通常の裁判所に提起された一定の事案について決定する権利が知事によって主張される。これが「行政訴訟」[57]と呼ばれるもので、これについては若干の考察をすでに行った。

異議申し立ての決定は官僚によってなされるが、実際にはそれは司法上の判決である。これらの事案はすべて事実上法的な性格をもっているからである。かくして、裁判官の資格をもたない官僚がこのようにして法的な判決に携わることは正当であるか、という問題が生じる。もちろん、この問題への答えは否定的なものでしかありえない。しかし肯定的にいうと、この目的のためには特別の手段が与えられなければならない。それ故にドイツでは、行政命令の合法性はまず、一種の選挙による評議会である「郡委員会（Kreisausshuss）」において決せられる。そして特別の行政裁判所が最終の控訴審である。オーストリアでは、執行命令に対する訴訟は、国家官僚の全等級を経て大臣までカバーする。そして当事者が決定に不服なときは、事案は最終的には最高行政裁判所に提起される。そこで当該の行政命令は有効ないし無効とされる。しかしながら、いかなる大臣にもこの裁判所の判決は及んではならない。

私人が執行命令の結果損害を被った場合、訴えは常に民事法廷に提起される。この件についてはどこかですでに議論され、いかなる官僚もその権威の濫用ないし誤用によって他人に及ぼした損害については責任のあることが主張された。

要約。司法上は国事裁判所と行政裁判所が、法と政府の間の調和を保障する手段である。精神的には、個人の本性的な意識とさらには様々な手段と態様で表明される世論の運動によって、調和は維持される。この運動は議会へと及んでいき、真に政治的な性格を帯びる。個々の官僚の行為は一般に即、司法手続に委ねられる。

第6部　行政学

理念(58)∵

行政学とは、人格としての国家の有機的発展についての学問である。人格はいずれも行為をしていなければならない。国家の活動が行政である。——したがって、行政とは活動する憲制である。すなわち、行政は国家の活動のなかにあり、そこでは憲制上のあらゆるメンバーや機関はすべて、国家の活動のなかで独自の地位を占めている。——「管轄権限」が意味しているのは、国家の意思—法律—によって、国家の一般的な活動や労働のなかで執行権の各メンバーや機関に割り当てられている当該部分の保有である。——したがって行政は、憲政としての立法や執行とともに、ひとつの全体を形成する。∵以下のように表示できるであろう。

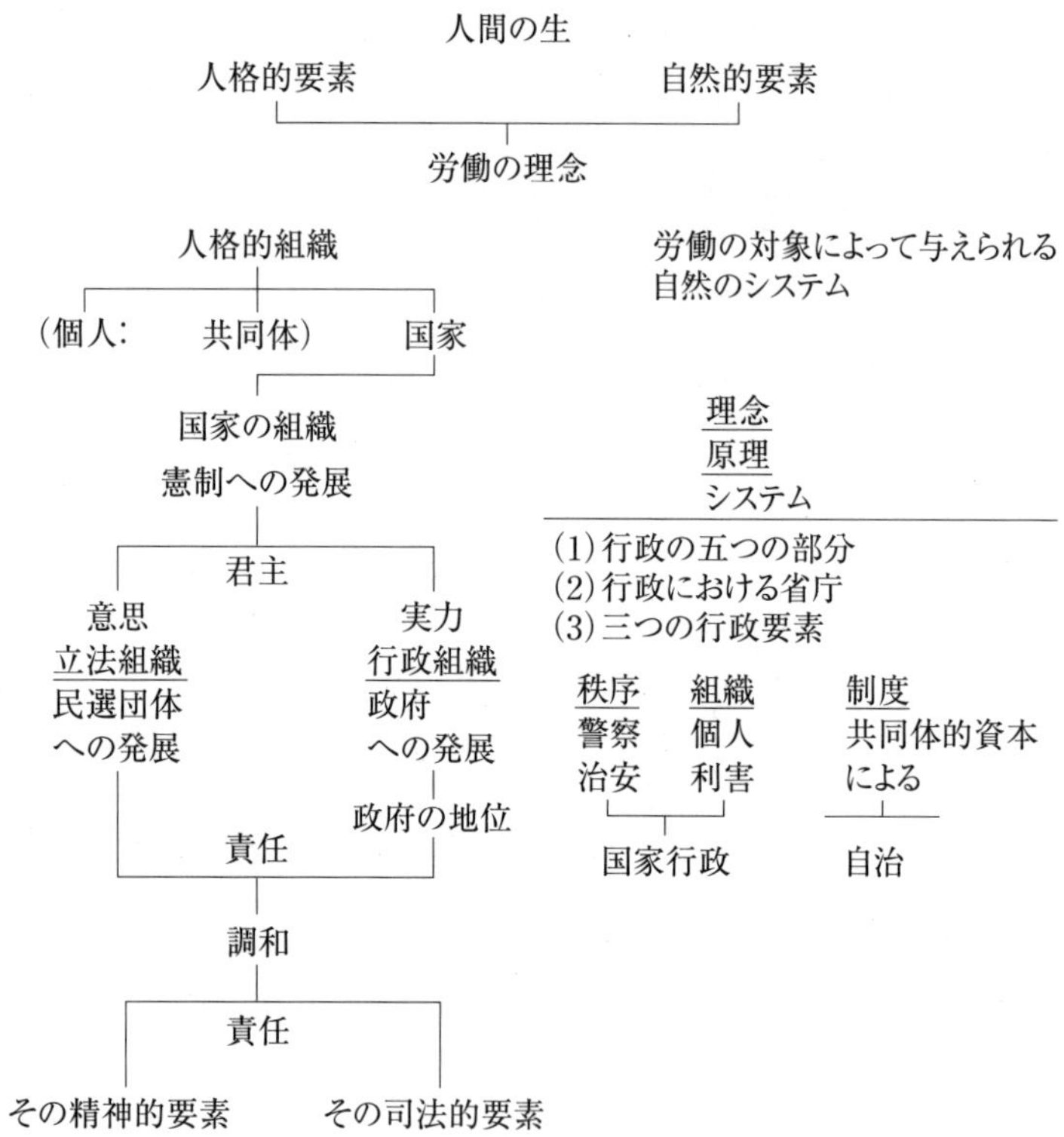
人間の生
人格的要素
自然的要素
労働の理念
人格的組織
労働の対象によって与えられる
自然のシステム
(個人:
共同体)
国家
国家の組織
憲制への発展
理念
原理
システム
(1)行政の五つの部分
(2)行政における省庁
(3)三つの行政要素
君主
意思
立法組織
民選団体
への発展
実力
行政組織
政府
への発展
政府の地位
責任
調和
責任
その精神的要素
その司法的要素
秩序
警察
治安
組織
個人
利害
国家行政
制度
共同体的資本
による
自治

行政の理念：――これまでの論述においてわれわれは、国家それ自体を存在者として、そして人格として考察してきた。これからはその現実の作用へと目を向けよう。それは行政の全領域とあらゆる現行法の複雑な現実性を包摂している。

国家の根本原則は二つの要素から成っている。すなわち、行為する人間とその行為の向けられている自然界の事物である。これら二つの要素は労働によって結び合わさっている。それは自然界の対象に対して人間の力が現実化されたものである。労働とは、人格が外界に影響を及ぼしうる唯一の手段であり、それによって人格の作用は実現される。換言すれば、労働によって自然界のなかに第二の世界が築かれる。それは人力と物理力の結合の成果である。

国家とは人格の最高の形態であり、したがってそれが行う労働は、すべての労働のなかで最高のものである。国家の人格的原則を表すのが憲政である。しかし憲政は、自然界の事物と直接的な関係をもたない。それとの関係における国家活動の条件を与えることが、憲政のなしうるすべてである。

国家はあらゆる種類の個人を含んでいる。そして個人の行う労働にはどれにも、一定量の自然が含まれている。それ故にあらゆる人間の労働は、自然の広範な領域をカバーする国家活動の一部である。そしてその国家活動とは、行政のことである。人間は何らかの労働なくしては生存できない。したがって、国家も行政なしには存在しえない。しかし、ちょうど個人の労働が労働者の力とその改善に依拠しているように、行政は憲政、そして憲政の発展に依拠している。前者は後者の条件だからである。人格的な存在が変化を遂げるとき、労働もそうなる。すなわち、行政は憲政の後につき従うのである。これは必然的な結果である。しかし何よりも国家とは人間によって構成されるものであるから、憲政の変容、そしてその結果としての行政の変容は、その核心を国家の構成員の力のなかにのみ見出すことができる。

過去の行政を現在の考え方で判断することはできないし、すべきではない。それは、人の認知しえないであろうその時々の特殊状況下における人間の能力の結果に過ぎないからである。絶対王政においては、行政は君主の意思に依拠している。(59) 君主が利己的ならば、行政も必然的に利己的である。利己的な君主国においては、いかなる公共の福祉も実現されることはない。この道筋を打破することができるのは、フリードリヒ大王（Friedrich Ⅱ, der Grosse）やヨーゼフ二世（Joseph Ⅱ）(60) のように、その時代の与える影響にもかかわらず、他の専制君主よりも幅広い視野をもった人物である。憲政の発展が見られ、国家の一定の形態が実現されうるのは、ある特定の状況下においてである。それはいかなる時代においても得られるものではない。歴史が示すところでは、往時は絶対君主がその強力な行政でもって国家を維持することができた。しかしそのような時代は過ぎ去り、今や国民（the nation）がひとつのもの（a nation）として強力であること、国民を形作る個人は強力なものであることが必要とされている。

憲政と隔絶した行政など考えられない。それは、意思と隔絶した行為であり、原則と隔絶した結果である。しかし原則はその産物たる結果によって支配されており、意思もまたそれが引き起こした行為による修整を受ける。同様にして、行政はそれを条件付ける憲政に影響を及ぼす。これら二つのファクターは、相互に関連し合っており、お互いに独立していては発展できない。かくして、行政学は必然的に国家学の一部を形成することになる。

かつては、国家学は一面的なものであった。そこでは国家の諸権利ばかりが論じられ、行政一般は人間の思考のなかで正当な位置を占めていなかった。行政がそれほど考察に値するものとは誰も知らなかったのである。国家について正しい把握がなされれば、それはさほど困難なく実地に移されることができると考えられていた。真の国家観が現実に作動するためには、様々な特別の手段や機関が必要とされるなど考えもつかなかったのである。そしてこの作動なくしては、ユートピア主義者の夢想という生命なき亡霊を除いては、何も期待できない。

国家人格のどの有機的機関も相互に不可分な国家的生の手段であり、自己に適合した機能を遂行しなければならない。例えば、総理大臣は国家についての一般的で正確な把握を行っている真の政治家でなければならない。また、各省の大臣は技術者であり、自分の専門業務について豊富な知識と経験を備えていなければならない。日本においては、多くの総理大臣がいるようであるが、各省の大臣には明らかに欠乏しているようである。以上のように、国家の概念は、そこから生み出されるであろう現実よりも偉大なものである。正しい概念とその概念を現実化するための適切な機関は、良き政府——

――言葉の最も広い意味におけるそれ――の第一の要件である。

第1章　行政の原理

（A）国家活動の哲学的必要性

（1）人格のなすべきことに限りはない。

（2）個人の能力は限られている。

（3）個人の連帯がこの困難や矛盾を解消し、能力を無限にする。――歴史の理念：人類のあらゆる世俗的営みの統合。〔純学術的行政観〕。

（B）共同体と個人の間の調和。

（1）個人間のいかなる連帯も、個人それ自体と同程度の発展を遂げなければならない(61)。

（2）したがって、すべての連帯的活動の最終的目的は、個人の発展でなければならない(62)。

（3）各個人は、そのような連帯のなかで自分自身の発展条件を見出すものであり、独自のやり方で連帯のために働かなければならない。

功利主義――行政活動のための指導原理――一般に共同体のための。

人道主義《ヒューマニズム》――社会階級の差異のための指導原理。

（C）行政の限界：

（1）〔第一に、〕どの個人も自己の独立の仕事について自由である。
（2）第二に、国家の活動が、自由な個人の活動に取って代わることは決してできない。
（3）しかし、行政のなすべきことの限界は、次の点に存する。すなわち、行政はその権力でもって個人の能力の代わりとなることは決してしてはならず、それは個人が自分たちの力では手にすることのできない発展の条件を彼らに提供することにのみ用いられなければならない。――したがって、この原理によって、行政の各部はその適切な限界を、そして各個人は自己の義務を見出す。――精神的、経済的などの私的な義務はいずれも、このようにして公的な義務となる。(63)

行政の原理：――それは次のことである。すなわち、国家経営はすべて同一の基礎に則って遂行される。意思には限りがない。しかし意思を実行する力には限りがある。全個人の勢力の総計は、前述のことから結論付けられるように、国家の勢力である。しかしながらこの総計は、現時点では限定されている。数学的にそうである。しかし先行する時代の成し遂げてきたことは、次の時代にストックされており、現在なされていることは、未来のための貯蓄である。これは地上の諸勢力の――時間的限定なき諸勢力の、と言ってもよかろう――連合である。そして今では万物は固有の歴史を有しており、これらの歴史の総計が行政の歴史である。実際、そのなかには無尽蔵の勢力資源が含まれている。かくして、限りある勢力の連合は、国家の生のなかで無限の勢力となると言ってよいだろう。そして歴史を十分に知れば、無限の勢力を掌中にすることができるかもしれない。

功利主義とは人間と自然界の事物との関係に関する哲学であり、行為をそれによってもたらされる効果の効用によって正当化するものである。個人の差異や社会的相違は考慮されないし、階級や不平等の存在には関与しない。それはただ単に行為の効用を主眼とし、社会をそれ自体として取り上げる。人道主義《ヒューマニズム》は一段上の高みから全人類を見下ろして、社会階級と不平等を検証し、それらの解消を試みる。階級の違いを財産の違いと見なし、それを新たに配分することが平等のために必要な手段だとして要求されると、人道主義《ヒューマニズム》は共産主義となる。これら三つの相異なった原理は、行政の基盤となるかもしれないが、究極かつ主要な条件は次のこと、すなわち個人の福祉が全体のそれに依拠し、逆もまたそうであるということでなければならない。

行政は個人の発展と進歩のために大きな活力を与えることができる。けれども個人は本性上、行政が提供することのできるものすべてを受け取ることは奴隷への転落となるとして、助力を拒む傾向がある。欲するものを自力で手に入れないならば、それを与えてくれる何者かに依存しなければならない。それがあらゆる人間の本性に違いなく、この本性は維持されなければならない。そして行政的介入の限界がこの何処かに見出されなければならないのである。

さて、個人の職業生活においては、二つのことが考慮されなければならない。第一は仕事のできる諸条件であり、第二は仕事のために保有している力である。条件は独力では作り出せない。それは個人の力を越えたものにほとんど頼っている。したがって行政についていうと、個人が独力では得ることのできないそういった諸条件の創出を行政は心がけなければならない。

マンチェスター学派は、われわれは何事も自ら手に入れられると考えている。政府がわれわれに干渉することなどなにもない、唯一の仕事はわれわれの労働を損なう外在的かつ明白な危難からわれわれを守ることであり、それ以外のことでは放任してもらいたいという。これによって帰結されるのは、自己の労働のための条件を作り出す十分な力をもたない者は消え去らなければならないということである。この学派は事態のもうひとつの側面を見ていない。すなわち、個人の能力を越えた条件がそれである。この学派によれば、行政は制約されて然るべしとされるが、その制約はあまりに狭隘である。自然との格闘のなかで、個人の力によっては制御不能な障壁のある地点から先へと、行政の範囲は広がっていくべきである。

諸個人の統一と同様、個々の特別な人間が行政の対象となる。行政は個人の自由にあまりに深入りしてはならないが、個々の人間は共同体一般に対する義務を有していると考えている。すなわち、国家の行政に対する義務である。

第2章　行政のシステム

理念：

（1）共同体の任務（ないし行政の体系的区分）の相違は、国家労働の目的である自然界の事物とその諸勢力に起因する。

（2）これら体系的区分の統一は、国家有機体の人格的本質である。

（3）これらの区分は、「管轄権限」の相違を通じての省庁の発展において現実的なものとなる。統一は、法律と元首を戴く政府のなかにある憲制の全要素の統一のなかに存する。

システムと原理：

かくして、国家労働の主要部門によって、国家の行政の主たる部分が形成される：

（1）国家の機械的物理力：陸軍と海軍：そしてその管理

（2）経済力：財政

（3）自由な個人とその公権ならびに私権の不可侵：司法とその組織

（4）外務

(5)　個人の発展の条件：精神的、経済的、そして社会的：――いわゆる内務。――「内政(l'intérieur)」(しばしば専門の大臣を有して、様々なかたちに分割される(64)：――教育――通信――公共事業――商業――農業。)

実践的国家学：

(1)　自然の諸勢力と自然の事物は、行政活動の対象であるが、それらは人間の労働に対して、決して抵抗力を失わない。

(2)　したがって、これらの事物や諸勢力についての科学が、労働の第一の条件である。――精神科学と自然科学。

(3)　これらの相異なった科学は、国家行政の目的と連関するや、国家学を形成する。あらゆる科学は、国家学の分枝である(65)：自然の諸勢力についての科学はその理論面であり、行政権力の適用についての学問はその実践面である：しかし両者は国家学のなかで等しく重要である。

人間の才能と技能は相異なっている。これは否定できない事実である。経済法則の主たる原則のひとつは、この事実に基礎を置いている。行政の任務にはそれぞれが特別の配慮と知識を必要とする様々な部門があり、それと同じ数の専門省庁が存在するが、行政の活動は上述の事実と原則に則って、数多の専門省庁間に分割し配分されることによって最善に達成されることができる。目的は、全分業を通じて究極的にはひとつのことである。適用される権力のみがその種類と効果において、省庁の違いに応じて異なるだけである。したがって、行政活動は分割再分割されて様々な部分に分かれるが、それらは独自の最も効果的な手段と機関を備えて、ひとつの終極的な目的を有しているのである。

国家活動の成功は、その分割と配分の方法、ならびに各省庁のために選抜された人材と道具にかかっている。分業には「管轄権限」が含まれている。それは分業の必要条件であり、国家経済のシステムを現実化する手段である。その濫用や恣意的行使の可能性という現実には留意しなければならないが、「管轄権限」なくしては、いかなる分業も効果はなくなる。

専制国家では、権力の座にある者による「管轄権限」の濫用が国家の実際の分業を台無しにしている。そのような国家においては、立派な経済原則に則って一見良く配置されているかのような様々な省庁や部署がしばしば見出される。しかしその一方で、そこに配属されている者たちは、自分のパトロンの意思に従って、ひとつの職場から別の職場へと転々としていく万屋でしかない。そういうことでは、きちんとした仕事がなされることなど不可能である。

「管轄権限」は法律によって定められるべきもので、朝令暮改されるべきではない。それは合法的かつ立憲的でなければならないのである。真の行政上の分業はそれ故、立憲国家においてのみ可能である。専制主義はこのシステムには適さない。

行政とは抽象的な理念に過ぎない。その実態は、国家経営を担う諸省庁の一体性のなかにのみ存する。特別の権限を有した省庁や官職《オフィース》が色々と必要な理由は、国家がその活動のなかで取り組む対象の本質に求められなければならない。これらの対象をその本質にしたがって整理していこう。もちろん以下の整理は、各々の国家が置かれている特殊状況に適合するように、変更されたりあるいは少なくとも修正されることがあろう。

(1)　国家の存在は、他のすべての国家からの独立と分離を含意している。このような性質によって、各国の他国に対する個体性と主権が形成される。これらの独立した個的国家は、相互に多様な関係をとり、これらの関係から生じる事態には特別の配慮が求められる。それ故、特別の権限と官僚を有した外務省が、一定の行政活動を掌握する。各主権国家が他国との交渉において行使する権利によって、国際法が興る。その一方で、異なる国家の国民同士の私的な交流を通じて、「諸国民の法(Völkerrecht, the rights of peoples)と呼ばれる別の法体系が生み出される。

(2)　国家は、その国力を保持するための物理力なくしては、自己を保つことも独立することもできない。この物理力をなすのが、海軍と陸軍である。そしてそれらの組織は、軍部に帰属する。軍事力それ自体には、国家意思への絶対的服従以外の「管轄権限」はない。

(3)　各々の国家は、物理力と精神力を維持する手段を保有しておかなくてはならない。国家の生存と存立を保持するための養分である。この手段の保持と分配を整えるためには、特別な労力が必要とされる。おそらくそれは国家の最大の労力である。これ故に財政部門がある。

(4)　権利は、人間の最たる本質のうちに根差しており、その実現は個人の発展の最も根本的な条件である。もし人が他人の行為に対して守られていないならば、その人が自分のためになしうることのすべては、その時々の生存に限られることとなろう。そのような状況下では、何の発展もありえない。個人の権利の実現、特に生命と財産の権利の実現は、国家の誕生と同時に存在する行政の第一の必要条件である。これが故に司法部門がある。

(5)　これまでのところ、身体上の権利の実現という自己保存の初歩的必要事を除いては、個人の発展のための条件は何も与えられてこなかった。国家はここで止まるべきなのか、それとも一歩進んで、国民のために何らかのもっと具体的な発展の条件を整えるべきなのか。個人の発展は国家の発展の基本条件であり、逆もまた真である。したがって、国家は個人の発展のために、あらゆる合理的な手段――個々人が独力では手にすることのできないあらん限りの手段――を彼らに提供する必要がある。この目的を掲げる国家活動の諸部門全てによって構成されるのが、内務部門ないし狭義の行政である。これは非常に広大で重要な分野であるから、それ自体分業のシステムをなしている。

(a)　身体的ないし肉体的事項：すなわち、保健、児童救護、婚姻、人口、等々
(b)　精神的事項：すなわち、学校、大学、教会
(c)　経済的事項：すなわち、貿易、通商、産業

（d）　社会的事項：すなわち、階層、区分、階級

さて、行政学とは、自然の諸勢力と諸要素を人間の活動と関連付けて取り扱うものである。形而上であるか形而下であるかに関係なく、いかなる研究でもそれが人間の活動領域と関わるものであれば、この巨大な学問の一部となる。例えば、日本の地図作成は、地理学の一部をなす。そして地理学は、それだけならばひとつの研究分野である。しかし、例えば何らかの行政区域だとか、選挙区、教会区の設置、あるいは鉄道や幹線道路の建設といったような目的に資するとなると、それは行政学——それは国家学の一部にしか過ぎないのだが——の一部となる。

第3章　行政法

理念：

既存の事物の本質や国家権力を通じて行政が行わなければならないこと、それは行政学のなかで扱われ、経験によって認知されうる。しかし、それを行政の恣意や過誤に委ねることはできない。

――

したがって、それは憲法上の権力の意思とならなければならない：かくして、行政は法＝権利をもつことになる：実践的行政学の原理は、行政組織の機能についての法＝権利となる。(66)

システム：

憲法(67)と行政法(68)の違い：憲法とは憲制上の諸々の有機的組織とそれらの相互作用とを対象とする意思である。行政法とは以下のことについての国家の意思である。

Ⅰ　統治対象との関係における「管轄権限」と活動（行政法の科学的・積極的知識(69)）

Ⅱ　責任

Ⅲ　階層的一体性

したがって、行政法は原則的形態において憲法と同じではありえない。
行政法と行政命令との違い。
相異なった命令——命令、指令、決定など。国家が違えば、名称も違う。—“Erlass” “Verfügung” — “Patent” — “Kundmachung” (下級官吏)。
行政の異なった部分に応じて、命令の性格も異なる：
軍隊：指揮命令 (commands)
司法：決定、あるいは判決
内政：命令、など。
これらの命令はすべて、責任のもとにある。しかし、それは行政責任であって、政治責任ではない。(憲法)。
この責任の理念：
行政のメンバーは全員、自分の「管轄権限」についての必要な知識を求められている。——そうでないとき、解任。
「ポリツァイ法 (Polizeirecht)」という歴史的呼称と意味。今日われわれが「行政法」と呼ぶもののかつての表現。

政府が独自に国家意思の一部を形作ることが認められると、行政機関の有する権利が現出してくる。

この事実の詳細については、政府一般を論じたときに既に説明した。

　ところで、行政命令とは、政府の一定の経験の結果として発令されるものである。同時に、それは憲法を基礎付けているのと同一の原理によって統制されなければならない。したがって、政府の官僚の「管轄権限」はいずれも、法律によって定められなければならない。さもなければ、行政命令に責任をとれることのできる者は誰もいなくなる。正確に言えば、「管轄権限」とは、国家意思の一定の部分を政府の官僚に移すことを形式的に承認したものであり、政府の官僚はこれによって様々な国家事項を管理する権利を得る。

　これによって、官僚としての大臣は、自分が専門に取り組まなければならない対象と対峙することになる。そしてここから、行政学は独自の役割を演じ始めるのである。

　官僚がその権力を傾注する対象が、権力行使の原則を決めるであろう。かくして、行政命令のなかには、権力行使の特別手段の規定が見られることになる。その命令が行政法を侵害した場合、行政裁判所が裁判管轄権を有することとなり、憲法そのものに違反した場合は、国事裁判所が事案を裁かなければならない。

　行政法は行政省庁と同様、多彩な性格をもっている。例を挙げれば、港湾や造幣についての法は、国際法と一定の関係をもっており、前者は後者による修正や統制を受けることがある。軍隊の指揮命令は行政法でもなければ、憲法でもない。あまつさえ行政命令とも見なしえない。それは特殊な法である。通常の裁判官が下す判決は、行政命令の特殊形態に他ならない。判決はこれをせよと人に言うことはないが、ある一定の行為をなす権利を与える。すべての行政命令に対してと同様、司法上の判決に対しても上位の権威に控訴することが許される。けれども、軍隊の指揮は絶対的な命令である。それに対しては、いかなる異議も控訴も認められない。

しかしながら、以上のことは、それぞれの国家において異なっている。専制的な政府のもとでは、どの命令も絶対的なものであり、それに対する抵抗は、身を挺してのものでなければ無力である。「法治国家」とは、政府から違法な取り扱いを受けたと感じた個人の誰でもが、それに対して訴訟を起こすことのできる国家である。そして政府のメンバーは皆、適当な裁判所に出廷し、自分の官職上の権能において行った作用について弁明する用意がなければならない。「法治国家」は専制政府と相容れないものであって、両者は並存できない。法治国家には、生気と活力に満ちた強靭な憲制が必要とされる。

フランスやイギリスには、「ポリツァイ法」なるものはない。以前は、それは行政権と同一のものであった(70)。今日の用法ではそれは、既遂未遂の犯罪に対して警察官が行使することのできる単純執行権を指すに過ぎない。〔これに対して〕行政法には、国家がその現実の生と活動において取り組まなければならないすべての要素が含まれている。

第7部　国家行政の諸部門（前章「行政学」の附論）

第1章　外交部門

理念：
この行政部の二重の任務―そしてそれ故に、その法＝権利の二重の形態。
（A）独立と主権：
戦争：国際法の本質的部分としての戦争法。
この法の体系。
（α）交戦権――戦闘
（β）戦時における国際的コミュニケーションの法＝権利
（1）復仇（reprisals）――報復（retorsion）

（2）中立
（3）掠奪の権利――戦時禁制品
（B）諸国家の生の統一：――
平和：
（a）大使――治外法権。
（b）領事
（c）同盟と条約
（d）国際行政法
（1）人的――外国人の入国許可のためのパスポート。
（2）精神的――著作権（copyright）
（3）司法的――判決と証書（documents）の承認と限界。送還：民事法廷ならびに刑事法廷の「管轄権限」。
（4）警察的――危険に対して。
（5）経済的
（α）関税（duties and customs）の体系
（β）不動産の取得についての外国人の権利

もし世界が単一の国家に過ぎないとしたら、この名称の行政部門は存在しないであろう。しかし、この地上には様々な国家が並存しているという避けることのできない事実の結果として、どの国においてもこの事務部門の設置が、先に記した理由から必要とされている。

それぞれの国家は、主権的意思を備えた独立の完全体であり、その存在は何よりも戦争法によって認められている。戦争法は最高の完全体たる国家の第一条件であり、それは自らのうちに国際的な行政を含んでいる。国家間で宣戦布告がなされると、交戦当事国は復仇、私掠船の派遣、軍服を着用した敵国兵士の殺害など、あらゆる戦争法上の権利を行使する。しかし同時に、戦時禁制品や中立条件に関する準則のなかでは、第三者の存在が認められている。これらのことは国内立法の対象ではない。それらは国際的な相互承認の状況にほぼ全面的に依存しているものである。

ある一定の物品が交戦国と中立国との間の合意の結果として、軍部大臣により戦時禁制品と宣告された場合、その物品はまさに国際行政の対象となる。この合意は一般に、外交部門を通じてなされる。

平和の定義は、戦争の不在としてのみ可能である。何もない状態からは、何の法も作り出されない。しかし、非戦時の主権国家間の関係から、いわゆる平時法と呼ばれるものが出来上がる。

互いに平和であるとき、国家どうしは大使館や公使館を通じて相互交流にある。各大使館ないし公使館は、それが駐在国において代表している主権国家の一部であり、それ故にそれらにはいわゆる治外法権が認められなければならない。領事が代表しているのは、その国の国民の他国民に対する権利にしか過ぎない。そのため、領事はそのような特権をもつことができない。

大使館や公使館を通じて、相異なった国家どうしの交渉がなされる。かくしてそれら国家は、合意によってある種の連帯を形作ることもあるかもしれない。そのような連帯は国際関係上、同盟と呼ばれる。同盟締結の権利は、国ごとにそれぞれ異なった組織に帰属する。イギリスでは、同盟の発案は政府に帰するが、その完遂は立法議会に依拠している。大陸国家では、財政上の条約には常に、代表機関の同意が必要である。それ無きとき、その条約は解消される。(71) 条件付で、大臣や国家元首もそのような条約を締結できるが、立法府の追認が得られなかったならば、それは効力を有しない。金銭的債務をもたない条約については、政府は代議会に諮ることなく、それを結ぶことができる。しかし、代議会はそれについて質問をすることができ、それによって政府の措置に対して制御と介入の権利を行使することができる。このようにして、代表機関は憲法上それが確立していなくとも、あらゆる種類の外国との条約や国際政治の運営に関与する。

人間世界の交渉は、国家間のそれにのみ限られるものではなく、国家の個人どうしの間で広がっていく。国際法ないし諸国家の法それ自体とは区別される「諸国民の法（Völkerrecht, the right of peoples)」は、かくして、行政上の一大問題となる。この法によって、ある国家の行政システムは、他の国家のそれと接触をもつことになる。それは特に以下の点においてである。

私的に、あるいは個人的には、外国への入国にはパスポートが必要とされる。また、精神的、あるいはどちらかといえば職業的には、（1）著作権が国際行政の対象とされるべきである。その保障なきところでは、多くの人が自分の労苦や努力からの収益を事実上失ってしまうからである（翻訳や加工（elaboration）は例外となりうる）。また、（2）ある国で与えられている職業上の特権は、他国においても認められなければならない。

司法的：ある国で下された判決は、その対象である者の生活している国でも執行されなければならない。また、ある国で認められた証書や証拠は、他の国においても尊重されなければならない。しかしこの準則は、通常犯罪や民事訴訟の場合にのみ有効である。そこにはいかなる政治犯罪も組み込まれるべきではない。したがって、それについての特別の条約が存在しないのであれば、政治犯罪者の国外への引渡しを求めることは決してできない。

経済的：（1）輸入品に課せられるであろう関税のシステムは、諸国民の交渉の結果であり、行政上考慮されるべき重要な対象となる。（2）外国の土地を取得する権利は、保障され、そして規制されなければならない。しかしこれらの経済上の問題は、各国の政治的社会的状況に大いに依存しており、そのための絶対的な準則の確立は不可能である。

第2章　軍事部門

理念：

独立の本質的条件としての国家人格の有する物理力：したがって、その必要性――各個人の義務：――しかし、この義務の限度についての条件は、個人にではなく、国家のうちにある。

武装した国民という理念――民兵、そして、組織化された軍隊という理念。

かくして、この組織は国家にとって必要なものとなる。この組織は、まず第一に、歴史の産物である。第二に、陸海軍の本質の産物である。第三に、それは、法律と命令によって立憲的組織の産物となる。

この組織は二重のかたちをとる：――

（1）それは必要と要請を伴う一大制度である。――創設と維持。

（2）この制度は、意思の拡充のための機関である。戦時の陸軍と海軍――その指揮命令。

（A）憲制：――法律と軍事力（憲法上の法＝権利）

原理：

軍備の方法と手段は、法律の対象である：

（a）徴兵の法
（b）財政法――陸海軍予算
（c）軍事法廷――陸海軍刑法
責任：軍部大臣。

（B）命令と軍事力：（「軍令（Kriegswesen）」）
原理：――
軍事力の使用は、敵の運動にかかっている――したがって、軍事力に命令を与える意思は、法律から絶対的に独立していなければならない：
単純指揮命令：――
原理：――
（1）軍隊的服従。
（2）総司令官としての君主。
（3）責任。軍事法廷に服する。
倫理的要素：
国とその繁栄への愛情：個人的には、軍人としての誇り。

ちょうど体力が人間の生存のために必要であるように、軍事力は国家の独立のために必要である。

そして独立は、自己生存の本質的条件である。軍事力の理念は国家の理念の一部であり、それ故に国家のこの権力の構成に参加することは、国家のメンバーたる各個人の義務となる。しかしこの権力の構成は、一個の組織体系を必要とする。それなくしては正規の陸軍や海軍はありえない。

自発的民兵組織は、自らを国家権力と一体化させる個人によって構成される。そこには内部で選出された士官がいるが、それらが軍事規律によって体系的に訓練されているとはまず考えられない。民兵組織を国家の正規の物理力と見なすことはできない。

軍事力とまさに呼ばれるものは、単なる民兵組織とは以下の点において異なる。すなわち前者は〔後者とは異なり〕、互選によってではなく、上位の権威によって任命された有資格者たる士官の厳格な統制のもとでの特殊な組織を有しており、専門的な訓練を受けているのである。

どの国家もその発展の様々な段階において一定の実力を備えているが、それが軍事力そのものではなく、単なる武装した人々や武器によって構成されているということもありうる(72)。東洋諸国では、軍隊は一般的にそれ自体特別の階級や階層をなしている。ヨーロッパでは、それは常に民衆の一部であり、ひとつの階層をなしたことは一度もない。立憲制期の初期においては、軍隊は完全に君主に帰属していて、国家全体を助けることなどなかった。そのようなことはイギリスでは十七世紀まで続き、大陸では今世紀初頭まで続いた。それ以降、そのような枠組みは撤廃され、今や君主は軍事力の総司令官と目されているにすぎない。そしてその管理は、憲法によって厳格に統制されている。

軍事事項は二つに分けられる。（1）「軍政（Heerwesen）」――（軍事力の維持）と（2）「軍令（Kriegswesen）」――（軍事力の指揮）である。前者は憲法に服するが、後者はそうではない。この相違は業務の本質からして明らかである。戦闘そのものは、固定した準則によっては決して統制できない。また、軍事上の指令は時局の必要に応じて発動されなければならないが、そのことは議会の討議によっては不可能である。指揮命令は、あらゆる突発的な緊急事態に対処する用意をしておくべき司令官に信任されなければならない。しかしまず第一に必要なのは、司令官が自由に動かすことのできる訓練された軍隊である。さて、軍事力の創設と管理の手段と方法は、憲法によって規制される。一人ないし数名の指揮官の手に、国家そのものにとって危険となるかもしれないものを決して委ねないようにである(73)。

このようにして、上述の二種類の業務が現れる。

(A)「軍政」：（1）徴兵の原理は、兵器を持つことができる者はみな、一定期間兵士として訓練を受け、奉仕しなければならない、というものである。徴兵による軍事力の創出や徴兵期間の兵士の義務に関する特別規定は、法律によって定められなければならない。

（2）軍事力を維持するためのコストは、特別の予算において明示されなければならない。代表機関の承認と同意なしには、そのために一銭たりとも支払われるべきではない。（3）軍事裁判は各司令官の恣意に委ねられるべきではない。このために立法府によって特別の規定が制定されなければならない。かつてはこの件について何の法律も存在しなかった。どの司令官も、配下の兵隊を自分の好きにすることができた。しかし、立法府によって、兵隊も市民であること、そして軍隊としての義務を理由として自分たちの権利を完全に奪われるべきではないことが主張され始め、軍事裁判の運営についての立法へと進展していった。

「軍政」に含まれるこれら三つの点は、国家の軍事組織についての立憲的要素であり、軍部大臣がその運営に責任をもつ。だが、彼は権力の発動には何ら関与しない。実際に戦争が始まり、軍事力が発動されると、彼の責任は戦場にまではついていかない。軍が必要とするものを供給することのみが、彼の仕事として残る。

(B)「軍令」：軍事力を指揮する意思は、司令官に帰属する。兵隊たちが戦場への行進を始めるやいなや、彼らは市民としての領分をまるごと後に残し、軍規の支配する場所へと入っていく。死か、さもなくば命令への単純な服従かが、彼らの唯一の選択肢である。彼らの自由は憲法によって取り去られる。戦場で彼らを指揮する意思を法律の下におくことなどできない。それは立法府の統制のもとになければ、軍部大臣の統制のもとにもない。司令官は国家の敵に対して軍を指揮する一方で、憲法に対する責任を負わない。その軍事的命令は、絶対的な行政命令なのである。しかし、彼はあらゆる責任から完全に自由であることはできない。それ故に、「聴取官（auditeurs）」と呼ばれる特別の法律家を備えた軍事法廷が設立される。

もちろん、その軍事法廷は民事事件には一切関与しない。そこで審理され判決を受けるのは、軍事犯罪や軍関係者によってなされた何らかの特別犯罪である。内科医、外科医、そして行政官は、いくつかの軍規の適用を除外されることがある。

第3章　財政部門

理念：
国家のあらゆる活動と目的のための絶対的条件としての財。その結果、各市民は自分の収入から国家の収入に拠出しなければならない。
組織：
（1）この義務の分配――それは、立憲的法律によってのみ整えられる。
（2）大蔵大臣によるこれら財政法の執行。
（A）財政のシステム：――家計の本質を通じて――その諸要素をひとつのシステムへと発展させることを通じて：
（a）歳出
（b）歳入
（c）予算
支出のシステムは、政府の行政活動のシステムと同一である。収入のシステムは、個人の家計の諸要素と同一である：（1）資本からの収入：国有地。（2）個人のための国家活動からの収入：

租税（taxes）。（３）市民の所得からの収入：手数料（duties）。（４）公債と紙幣。
（B）予算と憲法上の法＝権利：――
理念：
予算は、すべての私人の家計と同様に、国家にとっての――支出と収入の均衡である。
立憲的予算：この均衡が立憲的立法権力の目的であるとき：厳密な意味における予算。
（α）予算の経済システム：（１）一体としてのすべての支出と収入。（２）行政各部は、独自の予算を有する――大臣の予算
（β）立憲的予算システム：
（１）支出と過大な債務の採決
（２）歳入の採決――収入のための法律はその都度投票にかけられる。
（３）予算全体の採決。
（γ）憲法上の法＝権利：――
（１）大蔵大臣の責任と答責。
（２）採決にかけられていない補助金を支払う義務なし。

財政の管理が国家活動の最も重要な部分であることに、特に説明はいらない。食べ物や飲み物なしでは誰も生きていけない。軍事力やその他の等しく不可欠な諸要素を維持するための資源なくしては、

いかなる国家も存立できない。それ故、国家は個々のメンバーからの請求権を負うだけではなく、彼らもまた自分たちのために、国家へとこのような資源の分配を提供する義務がある。しかししばしば見られるように、この権利は誤用され、また濫用されさえするし、同様にこの義務は無視されたり拒絶されたりする。それによって帰結されるのは、国家機能の弱体と機能不全である。

財政は、あらゆる行政事務のなかで最も重要なものであると同様に、最もデリケートなものである。国家資源の管理以上に、細心の知識と経験を要するものはない。これほど卓越した関心対象の検討に入るにあたっては、若干の歴史的考察が必要であろう。

氏族制時代では通常、また身分制時代の初期においても、広範な財政システムは見られなかった。事実上、皆無だったのである。権力者、特に貴族は、私的な収益によって、自己の階位と威厳を維持していた。一般的な課税のようなものはなかった。後に各身分団体は、独自の財務行政をもった。君主は自己の家計の支出と収入の管理を除いては、まだこの業務とは無縁であった。そして後期になり、国家が一層君主の一身に統一されると、その権威の支えとなる資力の獲得が格段に必要とされ、君主は鉱業、鋳造、製塩、火薬、煙草などのような一定の産物や産業の独占によって構成されるレガーリエン(74)の権利をあの手この手で拡張していった。しかし、一般的課税はまだ存在しなかった。

そうして絶対主義の時代が訪れ、あらゆる身分上の権利は君主ひとりのもとへと吸い上げられた。今や君主は、人民や領土の全体から何ら明確な法律や制約もなしに、租税や手数料(taxes and duties)

の増徴をなすことができるようになったのである。[75] 専制や独裁の重圧のもとで苦しんでいた人々は、最終的にフランス革命において清新な解放を味わった。自由の突風によって、専横的な政府の要求は今や丸ごと吹き飛ばされ、財政システムの二つの原理が次々と威風堂々立ち現れた。それは、(1)法律なければ課税なし、そして(2)法律なければ支出なし、というものである。かくして、国家の歳入と歳出を対比させること、そしてお互いに制御し合うことが必要とされ、そうすることで二つの要素間に正当な均衡が確立されることが期された。これが予算であり、それは厳格に立憲主義的な考えである。[76] 自分の財産が同意なしに他人によって費消されるのを耐えられる人はいないだろう。たとえそれがその人自身の利益のみを考えてのことだとしても、である。国民から得たものと国家の維持のために使ったもののすべてを正確に算定すること、そしてそうしたことの理由を細部にわたるまで明らかとすることは、政府の最たる義務である。したがって、歳入と歳出の結果は、はっきりと書き記され、代表議会に送付されるべきなのである。そこではまず第一に、すべての個別費目にわたって、そして次に予算全体について採決がなされなければならない。増収の手段と方法に関する財政法は議論の対象ではなく、予算が議会に提出されるたびに変化するものかもしれない。けれども予算それ自体は、代議院の通常会期に提出・審議され、同意を得なければならない。

二十年ほど前、プロイセンでヨーロッパの政治家や哲学者の関心を引いた財政上の一大問題が生じた。一部の人々は、代表議会による予算の否決にもかかわらず、財政上の法律が存在し、予算なしでもこれらの法律に従って徴税できると主張した。他方で、立法機関の同意を得た予算がないのであれば、租税を支払う必要はない、との考えが示された。後者の立場が純粋に立憲主義的なものである一方で、前者の立場は完全に実質主義的なものである。国家はいかなる手段によっても、憲法を破棄してでも、存在しなければならない。しかし、それは法律に従って存在するべきである。中庸をとるならば、国家は民法の規定に従って、個人ないし団体などの他者に対する債務を返済しなければならない。これはいかなる状況のもとにおいても妥当すべき絶対的要請であるが、国民のほうは予算なくしては、大臣によって考案されたことに何か支払う義務を負わない。立法府の同意を得て政府が課してきたもののみについては、その後の予算の否決を理由として支払いを怠ることはできない。そうした場合、新しい予算なしに徴税がなされうる。

したがって、かような財政問題には、別個に考察されるべき二つの要素がある。（1）国家が必然的に支払わなければならないもの、そして（2）政府がその計画のために要するもの、である。前者は常に認可されなければならない。後者は世論が省庁に寄せる信頼に依拠している。いずれにせよ、通常の歳入は一本の予算が否決されたからといって、廃止されるべきものではない。原則は次のようなものである。歳出は予算の採決によって統制されるべきであるが、歳入それ自体の変化には完全に新しい法律が必要とされるのである。

大蔵大臣は単独ですべての予算を作成することはできない。彼は各大臣が作成したそれぞれの省庁の要望についての意見書を収集しなければならない。それから彼はこれらの個別支出を予期される収入と照合し、そして各大臣とその支出の要望と供出について協議を行う。これがなされると、彼は自分自身の省の支出をリストに加え、かくして予算の一部が完成する。予算のもうひとつの側面は、既存の財政法に基づいてもたらされるあらゆる収入についての大蔵大臣の見積もりによって構成される。しかしこの見積もりは蓋然的なものでしかない。かくして、予算には二つの要素が含まれている。かなり固定したもの――歳出――と固定していないもの――歳入――である。歳入に含まれるのは、国有地からの収入、租税、手数料、特別の公共料金（ドイツ語でいうGebühren）である。さて、これら二つの要素から、供給不足ということが生じるかもしれない。そしてこれに対する対処としては二つの方法、すなわち（1）公債と（2）新税が考えられる。

歳入が不足している場合には、大蔵大臣は議会の信任や影響をさほど気にする必要はない。しかし、歳入不足は政府の側の固定支出の増加によって生じることもあるし、そちらのほうが頻繁に生じる。この場合大蔵大臣は、供給増加の提案に対する代表機関の同意を得るためにあらゆる努力をしなければならない。

突然の戦争によって予定外の支出を国家が余儀なくされ、新税を提案する時間的余裕もないとき、大蔵大臣が債務契約を取り結ぶが、それには内閣全体の同意が必要とされ、したがって連帯責任が生じる。そして議会の次の会期において、大臣は自分がとった措置の不可避性を説明することになる。

行政の一部局における何らかの特別の行事ないし計画のために、その部局の大臣が定められた予算による支出通りにすることができないとき、ことが次の会期で議会にかけられるまで、大蔵大臣は超過支出の支払いについて内閣全体ならびに国家元首の同意を求め、自己の責任でもって要求された額を上増しすることができる。次の議会の会期に大蔵大臣と要望を出していた大臣とは、それぞれ支出増加の必要性を示し、当該支出の理由を説明しなければならない。その他の何ら早急の供出を要しない場合には、大蔵大臣は議会にそのための新たな財源を提示し、最善をつくしてそれを通すことになろう。

大蔵大臣が赤字の際に手にすることのできる新たな財源には、様々なものがある。この点特に説明が必要である。国民の資力に余裕があるならば、増税を当てにすることができる。しかし公衆の財布から集められるものがもはや何もないとき、いわゆる「金融措置」に訴えられる。もちろん立法府の同意を得てである。

金融措置のひとつの形式は、大蔵省証券の発行である。それは一種の約束手形であり、一定期間に額面の金額を支払うというものである。この証券は、何人もその意に反して受領するように仕向けられないという点において通常の通貨とは異なっている。それは大蔵大臣が国家資産の信用に与えた債務にしか過ぎない。第二に、紙幣の発行が挙げられる。(77) これは国家資財の裏づけを何ももっていない点において、大蔵省証券とは異なる。国家はこれによって税金の支払いができると述べて、紙幣を流通させる。これは人々が納税をしなければならない限り、金属貨幣としての価値を有する。したがってその裏づけは財にではなく、将来の税収にあるといってよい。かくして国家は紙幣を発行しうるが、それはほんの限られた量、つまり納税に足りたらそれでよいのである。それ以上ならば、深刻な金融上の帰結を必然的に招くことであろう。

金融措置の三つ目の形式は公債である。

さて、紙幣について若干の考察が不可欠である。国民はいかなる支払においても紙幣を受領するべし、と国家は宣言するであろう。その時、それは一般的法貨となり、単なる金券ではもはやなくなる。しかし次にその紙幣は、金属貨幣としての価値をもたなければならない。そうしたらその価値を疑問とする者は誰もいなくなる。皆がそれを正貨と並んで受領するよう余儀なくされるからである。ところで、紙幣の価値について何の疑念もない限り、それは健全な銀行券と何ら異なるところはない。しかしそのような価値をもっているかどうかは、国内流通上必要とされるその国の貨幣の量にかかっている。経済活動のうえで必要とされる以上の貨幣がある場合には、それが貨幣としての価値を失うのは自然のことである。

例えば、日本の「金札」は国内の経済活動を顧慮せずに発行されてきた[78]。その結果、それは必要を上回る分だけその価値を減じることを余儀なくされている。これは誰も否定ないし変更できない明白な経済法則の結果であり、紙幣の発行には常にこの種の危険がある。国民の経済活動のうえで実のところどれだけの貨幣が必要とされているのかを確定するのは、極めて困難なことだからである。

紙幣がその価値を減じる形態は、物価の上昇である。それというのも、法貨であれば、単位を変えるわけにはいかないからである。さて、価値の下がった紙幣は常に、額面価額でもって国庫へと返却され、収入はその分事実上量的に減少し、支出を埋め合わせるためにさらに別の赤字がもたらされる。この赤字は紙幣の追加発行によって補填されるかもしれない。そうしたら、また繰り返しである。事態がこのような状況になると、財政難に終りはない。この他にも、以上のようにしてその国の一般的な信用体系のうえにもたらされるものは、とてつもなく有害なものである。それ故、そもそも紙幣を発行するのであれば、その価値が決して変動しないように、当初からその量は厳格に固定されるべきである。

非立憲国家においては、この危険を回避する適切な手段は存在しない。価値のない紙幣の量は、恣意的な政府によってほしいままに際限なく増加され、害悪は通常の治癒の及ばないまでに進み、国家は預言者の言葉をもはや待つまでもなく廃墟と化すことになるかもしれない。それは単に紙幣それ自体の価値下落のためのみならず、信用不安のためでもある。立憲国家では、発行されるべき紙幣の量は、一般的に代表機関の特別委員会によって統制される。オーストリアでは「国家紙幣」の量――四億グルデン――は、議会の厳格な統制のもとに置かれている。

第4章　司法部門

理念：

個人の不可侵は、発展のための絶対的条件のひとつである。この不可侵の保障を、個人に任せることは決してできない。この不可侵を維持・回復する国家の行為が、司法である。

行政の一部としての司法の諸要素：

（1）有機的行政組織（the adaministrative organism）によって実現される法律：

（2）法律を実現する有機的組織《オーガニズム》――国家の名において行為する裁判所のシステム。

（3）手続きとその諸要素：

（α）提訴と抗弁

（β）証拠

（γ）判決

（δ）執行

歴史的発展：――

第一期：法廷としての民衆

第二期：法廷としての法律家
第三期：陪審員の原理

システム：
審理対象の本質の相違に応じての裁判所ならびにその手続きの違い
（A）憲法上の法＝権利とその侵害：
国事裁判所（“Staatsgerichtshof”）
（1）弾劾、すなわち憲法に反した大臣命令について
（2）個人の憲法上の権利の問題について
（B）行政法：――執行権力による個人の侵害：
行政裁判所（“Verwaltungsgerichtshof”）
（C）刑罰権：――他人の行為による個人の侵害：
刑法と刑事法廷
（D）市民権と民法：――財産と債務関係についての訴訟：
民事裁判
（E）軍法と軍事法廷。（“Kriegsgericht”）
（F）国際法：――領事裁判――掠奪と戦時禁制品に関する裁判

司法行政は、多くの者によって、立法府や政府と並ぶ国家組織の独立かつ自立した部分と見なされている。しかしそれは、一般的行政の一分枝、すなわち政府の通常的活動の一部門と端的に捉えたほうが明らかに正しい(79)。

司法行政は民衆の私権ならびに公権を保護し保障することを通じて、彼らに人格的発展のための本質的条件を提供する。これらの権利は、それだけでは容易に侵害されてしまいかねないものであり、それを防ぐことが実のところ人格的存在の他ならぬ第一の条件なのである。それは特定の権利の回復と違法行為の否定ということである。これは個々人だけによっては十分に実現できない。政府がそれを活動の主たる部門としなければならない。

政府組織の一部としての司法部は、個人が他者との間に結ぶであろう多様な関係に応じた様々な種類と等級の裁判所によって構成される。言葉を変えれば、人間の権利に様々な側面があるように、それら各々の側面に立脚した法の本質も互いに異なっており、その結果としてその法の本質に応じて各種の裁判所が設けられるのである。司法の目的は個人の権利の保護と保障であるが、そこでなされることはすべて、法として認められたものの命じるところに厳格にしたがう。法律事件を処理するための裁判所特有の方法は専門上訴訟と呼ばれ、それは判決の宣告によって終結する。行政のこの部分は、実定法の文言のみと取り組まなければならない。それほど明確ではない他の事柄は、行政の別の部分に属する(80)。

「国事裁判所」は憲法の侵害を取り扱うものであり（銘記しておかなければならないことは、これが常設の裁判所ではなく、必要が生じた場合にのみ設置されることである）、そこでの最高検察官（Oberstaatsanwalt）は一般に国家官僚のなかから選任される。「行政裁判所」は行政権力による個人の侵害を取り扱う。これらのことについては、特に立憲的調和について論じた際などいくつかの機会に既に言及した。さて、通常の犯罪と民事事件について、また特に留意すべき若干のその他の特定のケースについていくばくか考察しなければならない。

犯罪とは、ある人間の個人格がそれを完璧に認知している他の人間によって否定されることを意味する。精神異常者は犯罪を行うことはできない。上記のような認識が欠けているからである。刑事法廷に陪審が必要な理由は、この点から説明されるだろう。犯人の自覚を証明することが主たる問題点であるが、それは単に外面的なことからは分からない。刑事事件において考慮されなければならない二つの点は、次のようなものである。（1）犯人が行ったことは何か、（2）彼はそれを十分に自覚して行ったか。第一の点は裁判官自身が審理する。彼によって外的な事実と犯罪そのものに関する周囲の状況が検証される。主たる問題である第二点は特に陪審に委ねられる。そこでは犯罪の内面的状況が考察されなければならない。

民事事件においては、故意は重要なものではない。刑事事件において故意のあるなしが主たる問題であるのに対して、ここでは結果のみが検討されるべきことがらである。民事事件においては陪審などナンセンスである。事案を審理するための十分な時間を彼らがもつことは不可能だからである（すなわち、論点に関するすべての訴訟記録（Akten）を検討することである。民事事件と刑事事件との間には、この点のほかに明らかにより重要な別の相違点を指摘できよう）。犯罪は公共秩序全体と関連している。そのなかに含まれている人格のひとつを犯罪者は侵害したのである。そして、もし監視されなければ、その者はそうし続けるかもしれない。民事事件では、問題は個人が他者に対してなした債務——充足されるべき相互の契約——に限定されており、それ以上にことが及ぶことはない。

上述のこれらすべてのケースは、人間の権利の多様な側面の帰結であり、そのうえに様々な実定法が形成され、種々の裁判所がもたらされる。だが他方で、これらとは全く別個の種類の法を取り扱う軍事法廷があり、それは服従という単純原理に立脚している。さらに別種の裁判所として、異なる国に属し、したがって相異なった法の配下にある個人の間で生じた事案に関する裁判所もありうる。そのような裁判所は、国際法廷と呼ばれよう。これらすべての裁判所の活動が、司法行政に含まれている。

しかし、司法大臣はこれらの裁判所で下される判決には何ら関与しない。彼のなすべきことは、これらの裁判所の活動が適正に進展するための条件を管理することに限られる。活動それ自体は、裁判所を主宰する裁判官に帰属する。大臣は裁判所で下された判決についていかなる責任も負わないし、それに干渉する権利ももたない。それについて責任をもつのは、裁判官のみである。

実定法と法＝権利が矛盾することがあるかもしれないが、たとえどんなに間違っているように見えても、裁判官は既存の法に基づいて判決を下さなければならない。それ故、裁判官の下した判決を軽減することは、国家元首に委ねられている。元首はこの権利を一定の場合に行使しなければならず、それは絶対的に重要なことである。それというのも、判決のもととなった実定法が、権利と矛盾しているのみならず、それよりはるかに遅れていて、法の適用がもはや公正で認容できるものとはいえないかもしれないからである。

次に、「帝国裁判所（Reichsgerichtshof）」、もしくはより正確には憲法裁判所と呼ばれる極めて特殊な種類の裁判所に移ろう(81)。これは、個人ないし団体の憲法上の権利が問題となった場合に開かれる。総選挙後初の会期が開かれると、議会は常にまず議員としての適格性を審査するための委員会を選出する(82)。この委員会は現在のところ、いわゆる一種の憲法裁判所となっている。しかし、もしもこの委員会が選挙の形式のみを取り扱うものとされるならば、すなわち単に議員が法に従って適正に選出されているかどうかを審査するだけでよく、適格性については通常の裁判所に委ねられていたならば、ずっと良かったであろう。なぜなら、このような委員会では、問題とされた人物の置かれた状況についてそれほど正確な情報がもたらされることはありえないし、その結果判決に際して何らかの深刻な過ちがなされるかもしれないからである。現下の「帝国裁判所」は決して、望ましいものではない。それは上記の理由のみならず、純然たる議会的性格の委員会は、選挙の形式と実質双方の決定権を委任されているが故に、時として刑事裁判の役割を演じるよう余儀なくされるからでもある。

第5章　内務部門

理念：

個人の発展のための条件のうち自ら調達することの不可能なものは、共同体によって、行政活動によって提供されなければならない：――問題：個人の力に委ねられるべきものは何で、政府に任されるべきものは何か？

要素：各部の発展の集大成としての個人の発展。それ故、あるひとつの有機的組織によってはまず制御されることがなく、またひとつの法律によっては決してそうすることのできない行政全体の統一に対応。――事物の自然的条件の変化と社会の発展とともに、法律は静止し続けてはいられない：この運動のなかで、毎年だけでも何百もの新たな法制定が必要となる。

歴史的観点：

第一期：国家の内務なし

第二期：等族団体《コーポレーション》による行政

第三期：内務における積極国家の理念の発展：

（1）　絶対〔主義〕的行政

(2)　立憲的行政と責任ある義務
(3)　社会行政と階級間の防御と対立の概念。

システム：

内務の主たる対象はいずれもそれ固有の法律、命令、そして大臣を有している。したがって、二つのシステムがある。ひとつは、省庁のそれ。形式的なものでそれぞれの国家によって千差万別。もうひとつは、対象の本質のそれ：

科学的システム（行政学）

(1)　肉体生活：
　　人口、衛生
(2)　精神生活：
　　教会、教育
(3)　経済生活：
　(α)　一般的：交通《コミュニケーション》・流通における自然の力
　(β)　特殊的：農業、商業、産業など
(4)　社会生活：
　(α)　救貧法
　(β)　資本と労働の対立

この分野はこれまで考察してきたものとは異なっている。それは行政活動の唯一の積極的な部局なのである。他の部局はどれも、その管轄を通じて国家を維持するものであるにせよ、一般的及び個人的権利を保護するものであるにせよ、その固有の対象に関して消極的な性格のものである。

内務部門では、個人が自力で調達することの不可能な積極的進歩のためのあらゆる手段を彼に提供しなければならない。さらに一歩進んで、もしも国家がすべてを供給するとしたら、個人はもはや自由ではありえなくなる。恵まれる者は、施す者に依存する。したがって、人々を奴隷にすることなく、どの程度まで彼らに力を貸すべきかということは、重要な問題である。

抽象的に言うと、この問題には次のように答えられる。国家が与えることのできるのは、進歩的存在のための条件のみであって、その実体ではない。国家が実体を与えることなどとても不可能である。それというのも、人々から奪うことなしには、国家は何も与えられないからである。この回答は実際の上でも支持される。というのも進歩や発展の単なる条件を人々にもたらすためですら、国家は独力で奮励しなければならないからである。そしてそれは国家の義務である。それ故に政府はこの目的のために、適当な作業システムを立ち上げなければならない。人生には、肉体的、精神的など様々な要素がある。これらの要素は、本来的に存在しているものである。いかなる政府といえどもそれらを作り出したり、消滅させたりすることはできない。それらは進歩と発展を獲得せんとして存在しているのである。その本質を左右することは誰にもできない。政府のなさなければならないことは、それらを研究し観察することのみであり、その発展のためにいかなる方策が真に必要とされているのかを見つけ出すことである。そしてそれが見つけ出されたとき、その方策が政府の活動の対象となる。

自然は数多くの人に生を授ける。その数は彼ら自身の幸福という目的のためには多すぎるということも、少なすぎるということもあるだろう。しかし数それ自体をどうかすることはできない。それだけの人々を衰弱させたり退化させたりせず、向上繁栄させるような条件を与えることができるに過ぎない。これは国家が、そこで生活する人口との関連で処置しなければならないことである。

個人の衛生は、その者が生活する共同体の条件に大いに依存している。極めて健康な人間であるとしたら、その住居は極めて衛生的な環境にあるであろう。しかしこういった環境のみによっては、十分な衛生は保証されない。隣人が無思慮だとか、無能力ということもありうる。だからといって、どんなにその隣人が不健康なことをしていようとも、その人を統制することは個人には許されていない。さて衛生とは、それ自体が人間にとっての大きな喜びであるばかりではなく、生活の実質と向上の手段を得るための本質的な条件でもある。だがそれは、上記のような理由の故に個人の力の枠内に完全に委ねられているとはいえないがため、政府が介入してその共同体の衛生状態を規制しなければならない。例えば、医者は健康維持のための不可欠の手段のひとつである。だが、それぞれの医師の本当の実力を吟味することは個人の力では不可能だろう。それ故政府は、内科医や外科医の資格のための一定の規則を定めなければならない。

財産や不動産の管理は、個人の発展のためのもうひとつの必要条件である。それ故、所有者が不在である場合とか無能力者である場合——精神障害者ないし未成年者——、政府はその代理人や管財人を要求できる。その権利は法律によって特別に規定される。後見人や管財人に関する問題は形式的には裁判所に帰属してきたし、多くの国家においては依然としてそうである。しかし適切なのは、それが一般的な内務行政に含められることである。これが該当するのは、真の所有権者なくして放置された資産についてであるが、今日では人間が資産を失って放置されることもあろう。それが破産であり、ここでもある種の管財人が必要とされる。この二つの事例において認められるのは、人と資産との分離である。これら三つ——人口、衛生、財産管理——によって、身体生活の要素が形作られ、それは内務部門の管理下に置かれる。

精神生活の要素をなすのは、教育と宗教である。知識は教育によって与えられ、信仰は宗教によって与えられる。これらのことは個々人に委ねることのできるものではない。何らかの私的利害関心によって悪用されかねないからである。それ故、政府が干渉すべきものとされる。

あることを知っているといえるのは、その原因が分かっているときである。あることを信じているのは、それほど分かっていないときである。しかしいかなる立憲国家も、行政の対象としてこれら二つの事柄を取り扱う際に、以上のような相違を受け入れていない。知識も信仰もひとつの部門のもとに置かれている。歴史が教えるところでは、人間の本質は常に、それが単純に信じているものを分かろうと欲し、また精神生活の一領域の間に介在する境界を廃棄しようとするものだからである。自由教会《フリーチャーチ》は、分からないのであれば信じなければならない、と考える。だが、分かろうとする試みをやめてはならないのである。これは宗教と科学は同一のものと見なされなければならないという正当なる見解である。われわれは信仰から始めるが、知識でもって終らなければならない。人は誰もが原因を考えることなしに事実として受け取ったことを理解しようとするものだし、またそうせざるをえない。個人とはそれ自体が知識の源泉ではない。彼はそれを他の個人から得なければならない。したがって政府は、個々人が他者から知識を得るための条件を質的かつ形式的に整え、その者の向上に資するようにしなければならない。

次に経済生活の要素に入ろう。個人による労働には、価値を産出し、自らを振興し維持させていくための一定の手段が必要とされる。その手段が交通・流通《コミュニケーション》である。これなくしては、労働はその適正な報酬を得ることができず、果てには縮小し、絶えてしまう。流通手段を一から探していては、それはそれで多大の労力が必要とされ、時間を費消してしまうからである。

郵便、道路、鉄道、造幣、信用制度といったものの創設は、個人の手に余るものである。そこには少なくとも国家の参入が不可欠である。これらによって一般的交通・流通の手段が形作られる。同時に政府は、労働の特殊分野、すなわち農業、商業、造幣などのために簡便かつ改良された一定の流通手段を提供するべきである。もちろんそれらの労働には、特別の権利が要求される。かくして特別法が制定されるべしとされるが、目的とするところはいずれの場合でも常に同じである。それはつまり、富の産出である。

社会生活に入ろう。人間の共同体はその発展の過程で様々な階級に分かれる。その最たるものは資本家と労働者である。両者は一方が他方にとっての必要条件であるにもかかわらず、直接的な対立関係にある。そこに何らかの調和が確保されなければならない。政府が行うこの調和保持のための努力によって、社会行政が形作られる。このような主たる懸案のほかに、いくつかの問題があるが、それらは特に考慮するほど重要なものではない。

救貧法が何らかの社会問題とされることはほとんどない。貧しく、自活できない人々が共同体のなかにいるとき、その共同体は彼らを援助しなければならない。この業務は自治の一環である。貧民とまさに呼ばれる人たちは資本も労働力ももっていない。自らを助けるものを全く何も所有していない彼らは、無条件の救済を必要としている。このような事態は、目下の問題とは完全に別次元のものである。

社会問題の主たる点は、共産主義と社会主義に関わっている。共産主義によれば、資本家と労働者の対立は資本の廃滅と財産の再分配によって解消されるべし、とされる。このような考えは現実的ではない。財産の再分配が常時必要とされるからである。社会主義者は、資本と労働が完全な調和にあるようなあり方を見出そうとするべきであり、そのような調和の原理は資本家の利益に労働者が与ることに求められるべきものと考える。
しかし今や国家は、そのような原理を実現する法律を制定することはできないと述べるだろう。労働者がその労苦によって常に何かを得ているのは確かだとしても、資本家が生産を通じて本当に収益をあげているのかは不確かだからである。また国家は、労働者が資本家の収益に与るのならば、損失も等しく分かち合うべきである、さもないと二つの階級の間は平等ではない、と述べるだろう。そして国家のこのような考えは正しい。社会主義の原理は、政府が調和を維持するために働くための適切な指針ではない。しかし政府は間接的に、つまり資本家の搾取に対して労働者の利益を単純に守ることによって、そのような行動をとるかもしれない。それ以上のことを国家はなしえない。したがって、労働の条件と結果についての立法はなされるかもしれないが——実際いくつかの国においては行なわれている——、労働それ自体についてはできない。

——完——

［訳　注］

（1）この段落欄外に次の注記。「この比較は二重のものである。一方は、国家間の差異を単純に記述するものである。他方は、統計的差異の生じる原因を見出し、定式化しようとするものである。検証は実のところ比較ではない。」

（2）この段落欄外に次の注記。「そしてそのような概念は、なぜ現実の国家がこの究極的な要素において等しいとしても、その実際の生活と憲制においてかくも異なりうるのかということを理解させてくれるものである。現実の国家の統計的データは、それらの差異に因果の大原則が適用されたとき、科学的なものとなる。」

（3）原語は right であるが、ここで観念されているのはむしろドイツ語の Recht と考えられる。これに対して、law は同じくドイツ語の Gesetz の訳語として使用されているものと思われる。したがって、本書では right を Recht を訳す場合と同様に文脈に応じて「法」、「権利」、あるいは「法＝権利」、law を「法律」と訳した。

（4）原語は person。後続の文から分かるように、この語のもとでは、人としての個人のみならず、国家も含意されている。シュタインは人格（Persönlichkeit）には二種類あり、それは個別的人格（einzelne Personlichkeit）としての個人と一般的人格（allgemeine Persönlichkeit）としての国家（および神）だと説明しており（参照、拙著『ドイツ国家学と明治国制』（ミネルヴァ書房、一九九九年）五〇頁）、ここの person は、むしろ personality, Persönlichkeit の意と解される。したがって以下、「人格」と訳す。

（5）欄外に朱筆で以下の注記。「天然ノ権ト人作ノ権」
（6）［］内、後から補筆。
（7）原テキストでは、この一文に赤の下線。
（8）欄外に朱筆で以下の注記。「国家躰」
（9）欄外に朱筆で以下の注記。「主権ノ解」
（10）欄外に朱筆で以下の注記。「憲法ニ広狭両解アリ」
（11）constitution に関する以上の記述を訳者なりにまとめておきたい。constitution は二つの次元において理解されなければならない。第一の次元は国家の組織法制に関わるレベルであり、しかもそこでは本文中にあるように、constitution に広狭二つの意味ありとされている。以下では広義の constitution として「憲制」、狭義のそれとして「憲法」というように訳し分けたい（憲法学の用語としては、前者にはほぼ「実質的意味の憲法」が該当しよう。そして後者には「形式的意味の憲法」というよりもむしろ、国民議会のあり方を定めた国家の意思形成に関する基本法という定義がふさわしい）。さらに constitution は、「単なる存在（simple being）」との形容で、国家の静態的秩序を表す語としても使用されている。ここで constitution は、国家の動態的作用としての行政の対概念とされている。この場合も、組織レベルでの区分――国家の全体的秩序か、議会を中心とする国民の政治参加のあり方か――に対応して、広狭二つの訳し分けが必要であろう。広義のものとしてはやはり「憲制」、狭義のものとしては「憲政」の訳語を用いる。以下、constitution の訳出にあたっては、文脈に応じて「憲制」、「憲法」、「憲政」の語を用いる（なお参照、後述「独逸学再考―解説に代えて

―」Ⅳ-（3））。これまで訳者はここでの「憲制」の意味合いで「国制」という語を使ってきた。しかし、本書では後出のように身分制団体の constitution といった表現もされていることから、近代国家に限定されず、あらゆる政治社会の内部構造を指し示す用語ということで「憲制」の訳語を採用した。「憲制」という訳語については、ヴァーノン・ボグダナー（小室輝久、笹川隆太郎、R・ハルバーシュタット共訳）『英国の立憲君主政』（木鐸社、二〇〇三年）の教示を得た。もっともそこに込めた意味合いは同書と本書とでは必ずしも同一ではない。同書の「訳者あとがき」三五七頁以下を参照。

（12）一八八四年、第三次選挙法改正がなされ、労働者階級にまで選挙権が付与され、大衆民主主義的状況が進展した。また翌年に成立した議席再配分法によって、小選挙区制が導入された。これらは一八八三年の腐敗および不法行為防止法による大がかりな選挙浄化運動とセットとなって、二大政党制にもとづく議会制民主主義の発展にとって大きな画期となった。参照、犬童一男ほか『かくして政治はよみがえった～英国議会・政治腐敗防止の軌跡』（日本放送出版協会、一八八九年）、村岡健次・木畑洋一編『イギリス史3―近現代―』（山川出版社、一九九一年）一八二頁。

（13）一八七八年十一月、第二次イギリス・アフガニスタン戦争が勃発した。戦争は泥沼化し、兵を派遣している植民地インドの財政難をもたらした。また、一八七九年一月には南アフリカのズールー族との戦いにイギリス軍は大敗を喫し、国民の間に衝撃が走った。一八八〇年四月の総選挙で大勝してディズレーリから政権の座を奪い返したグラッドストンは、一八八〇年末までにアフガニスタンとの和解を図りインド軍を撤退、また南アフリカでの第一次ボーア戦争（一八八一年）に敗れるや、一八八四年二月、ボーア人のトランスヴァール共和国の独立を容認した。参照、村岡・木畑前掲書、一七七頁以下。

(14) 原文ではここに次の注記あり。Including the last two sections of the third part of the Plan of State Science. すなわち、以下では前章「国家学のプラン」第3部「国家と国家学」の「(2) 社会の歴史的要素」および「(3) 国家法の理論」もあわせて論じられる。

(15) civil list とは、イギリスにおいて国王・王族・王室の費用に充てるために国王の即位にあたって議会が法律によって定める年額であり（田中英夫編『英米法辞典』（東京大学出版会、一九九一年）一四七頁）、これによって「国王の財源と国家の財源との区別が初めて可能となった」（ボグダナー前掲『英国の立憲君主政』一九九頁）。ボグダナーによれば、「一七六〇年、それまで国王が独立にコントロールしていた様々な租税収入と王領地《クラウン・ランド》からの収入が、八〇万ポンドのシヴィル・リスト収入と交換に議会に引き渡された」とのことであり、本文中のシュタインの述べていることはこのことを指しているものと考えられる。もっとも、ボグダナーによれば、国王は依然としてコンウォール公爵領やランカスター公爵領などの世襲の収入源を維持していたとある。参照、ボグダナー前掲書、一九九頁。

(16) 欄外に朱筆で以下の注記。「財政ノ解」。

(17) 欄外に朱筆で以下の注記。「君民ノ争」

(18) 欄外に朱筆で以下の注記。「出版集会ハ国家ノ機関」

(19) この段落の欄外に朱筆で以下の注記。「立憲政府ハ自ラ働ク教育ニシテ撰挙ハ一個人ヲ作ルノ学校ナリ」

(20) 欄外に朱筆で以下の注記。「上院中ノ一部ヲ撰挙ニ取レ」

(21) 当時のオーストリア議会が一八七九年五月に初めての直接選挙で成立した時、貴族院においても政府に敵対的な立憲主義勢力が多数を占めた。時のターフェ首相は貴族院対策として保守系右派貴族の議員任命を以後数度にわたって行った。参照、Gustav Kolmer, *Parlament und Verfassung in Österreich*, Bd. 3, 1905, Wien u. Leipzig, S. 13 f, 223 f.

(22) 官僚の議員兼職制度のわが国における成立と展開について、石川寛「近代日本における官吏の衆議院議員兼職制度に関する研究―明治二二年選挙法規定の成立とその実施状況―（一）～（九・完）」『法政論集』第一八八―一九五号、一九七号（二〇〇一―二〇〇三年）を参照。石川論文は、本来政府による議会コントロールの手段のひとつとして導入された官吏の議員兼職制度が、現実には思ったように機能せず、最終的に大正十四年の普通選挙法によって政務官を除いて兼職が禁止されるにいたるまでの経緯と議論状況を詳密に跡づけている。

(23) 欄外に朱筆で以下の注記。「スクルウタレテーリスー」

(24) 十九世紀のオーストリア議会政治の限界に関する最近の文献として、Wilhelm Brauneder, Konstitutionalisierung und Parlamentarisierung in Österreich 1848 bis 1918, in : Anna Gianna Manca u. Wilhelm Brauneder (Hrsg.), *L'istituzione parlamentare nel XIX secolo. Una prospettiva comparata / Die parlamentarische Institution im 19. Jahrhundert. Eine Perspektive im Vergleich*, Bologna u. Berlin, 2000, S. 49–78を参照。当時のオーストリア議会政治の状況については、明治憲法発布後、欧米各国の議院制度

を調査するために訪欧した金子堅太郎も次のように述べている。「現今欧州の帝国中において、政治上最も困難を将来に来すべき国は墺太利とす。何となれば、同国は一領土内に十八の異なりたる国語あり、また人種の如きも錯雑して、その習慣風俗等各々異なりたるがため、現に一の法律を発布するに当り、独逸語の以て政府の公文とし、これを人民に周知せしむるには、その地方の邦語を以てするを常とするを見て推測するに足る。けだし、墺国は将来、益々憲法政治を発達せしめ、国政の統一を謀り得るや否や、余は一問題として他日に研究する処あらんと欲するなり」（金子堅太郎（大淵和憲校注）『欧米議院制度取調巡回記』（信山社、二〇〇一年）、五三頁）。

(25) *Plan* には、これに該当する部分の記載は見当たらない。陸奥に示した講義のレジュメから外れて、シュタインが予備的に行った講話の記録であろう。

(26) 原文では local Officials とも併記されているが、lower officials の誤記と思われる。

(27) 原文では das gesammte ministerium と the united Ministry formed by all Ministers が併記されている。

(28) アレテ（arrêté）か。

(29) この部分の後に以下の文が抹消。「ある特定の案件についての公式見解ないし情報を報告と呼ぶ。その件についての私人の見解は、「アンケート（enquet）」と呼ばれる。後者は公表されうるが、前者は一般的に公表されない。拒否権発動の理由は、（本質的に個人的なものである）「アンケート」や（当然ながら本質的に一般的なものである）報道機関の意見から明確にされよう。―拒否権とは立法体の決定に対する直接的反対である。しかし、それは根拠のない口実によって裁可をいいかげんに遅らせるような間接的反対ほど有害なものではない。」

(30) 欄外に以下の注記。

「管轄権限の本質。それは同時に、

1．執行権の各機関の法＝権利

2．それら諸機関の責任

の分配である。

立法の管轄権限―通常、司法行政においてのみ。」

(31) 欄外に以下の注記。「また他方で、その機関が官職上法的に義務づけられている営為の定義。」

(32) contention はフランス語では contentieux であり、本来「訴訟」という意味である。もっとも、ここでシュタインが言わんとしているのは、contentieux administatif＝行政訴訟である。Vgl. Stein, *Die Verwaltungslehre*, Teil 1 Abt. 1, Stuttgart, 1869 (Neudruck : Aalen, 1975), S. 419 ff.

(33) 欄外に以下の注記。「国家人格に対応する統一体として」

(34) 欄外に以下の注記。

「行政学は公教育の一部とならなければならない。そしてそこでは任用の前に試験がなければならない。

（大学の組織の問題）」

英仏独の間の大きな違い。

(35) 「理念上」、欄外に加筆（"The idea of"）。

（36）「死せる（dead）」を括弧で括り、欄外に「抽象的な（an abstract）」と注記。
（37）この段落の欄外に以下の注記。
「管轄権限の一環としての義務遂行を懈怠したことの責任。

法律とその理念の実現のために必要な知識と経験の両面における個人的能力についての責任。

官職にある人々の個人格を統合することの責任。」
（38）原文では Bestallung
（39）この段落の欄外に以下の注記。
「二つのことに対する責任。
彼らが行政上個別的に行った相異なる行為に対して。
現行法が完全でない場合や明瞭でない全ての場合において、その法の精神を把握し、適用すること
に対して。
つまり、政府は自らの発した命令にのみ責任があるのではなく、命令が必要なときにそれを下さな
かったことに対しても責任を負うのである。」
（40）原文では、belagerungszustand, etat du siege
（41）本文中に書いてあるようなことが実際に存在したのか確認できなかった。
（42）シュタイン著『行政学綱要』のなかでは、jus supremae inspectionis の語が用いられている（Stein,
Handbuch der Verwaltungslehre, Teil 1, Stuttgart, 1887, S. 233）。jus supremae inspectionis は「最高の
監督の権利」（柴田光蔵『法律ラテン語辞典』（日本評論社、一九八五年）一九四頁）ないし「最高

検閲権」（ミヒャエル・シュトライス編（佐々木有司・柳原正治訳）『一七・一八世紀の国家思想家たち』（木鐸社、一九九五年）五三〇頁）と訳されている。シュトライスの書によれば、それは国家公民の自然的自由の濫用を監督する国家機能であり、「――保護義務や福祉増進の任務遂行にあたって――官庁が有する、社会に対するもろもろの監督権・情報収集権（Informationsrecht）・監視権の総体」と説明される。

(43) 原文ではこの後に、」の書き込みあり。

(44) 原文では、Stenerfuss。

(45) 原文では、verein。

(46) 原文では、rath。

(47) Kaiserliche Verordnung か。

(48) 原文では、decree。

(49) 原文では、arretes。

(50) アレテ（arrêté）か。

(51) 欄外に以下の補筆。「なぜならば、大臣は常に多数派のトップであり、その発議が反対多数となることなど決してないからである。そのようなことがあった場合、それはその者が議会の大臣（parliamentary minister）たる状況にいないことの証左である。多数は彼に反対しているのである。」

(52) 前掲注（47）を参照。

(53) 一八三〇年七月二五日に出された七月王令によって、シャルル十世は出版の自由を停止して議会を解散するなどの強権的措置をとった。しかしこれによって七月革命が引き起こされ、国王は亡命を余儀なくされた。

(54)　一八六二年から一八六六年にかけてのプロイセン憲法争議を指す。当時ビスマルク率いるプロイセン政府は軍備拡充のための軍事費の増額を求めていた。それに反対する下院が予算案中の軍事費目を否決したところ、政府はそれにもかかわらず軍事費の支出を強行し、四年間にわたって予算なしに国政が行われるという異常事態となった。この解消はビスマルクの提出した事後承諾法（Indemnitätsgesetz）によって図られ、この法律によって四年間の政府の財政支出を議会が追認し免責するというかたちで妥協がなされた。

(55)　欄外に以下の補筆。

「訴訟の対象（司法的）

a．法律違反

b．法によって定められた管轄権限の踰越

c．管轄権限のうちにある命令の不作為」

(56)　左欄外に以下の補筆。「Haftung」

(57)　原文では、Contentio。contentieux の誤りと思われる。前注（32）参照。

(58)　欄外に以下の補筆。

「国家の理念を現実のものとする命令や法律は、活動する力――意思と行為、国家の立法と執行権力――によって実現される。」

意訳である。この部分の原文は以下の通り。The orders and laws by which the idea of the State is realized by the working forces - will and action - legislation and the executive power of the State.

(59) 欄外に以下の補筆。
「元首の意思がすなわち法律であり、命令であるとは、絶対主義の本質だからである。」

(60) フリードリヒ大王（プロセイン君主。位一七四〇—一七八六）もヨーゼフ二世（オーストリア君主および神聖ローマ帝国皇帝。位一七六五—一七九〇）もいわゆる啓蒙絶対主義を代表する君主である。前者の思想と政策を扱った邦語文献として、屋敷二郎『紀律と啓蒙』（ミネルヴァ書房、一九九九年）、後者について、丹後杏一『ハプスブルク帝国の近代化とヨーゼフ主義』（多賀出版、一九九七年）がある。

(61) 欄外に以下の補筆。
「このような発展は、個人とは異なる国家が意見や行為ないし自衛の各要素を具えていくなかで実現される。」

(62) 欄外に以下の補筆。「最終目的」

(63) 欄外に以下の補筆。
「それ故、行政は決して富を与えてはならない。それが与えなければならないのは、そのための一般的条件のみである。」

(64) 欄外に以下の補筆。「異なった国家において、名称や形式は非常に異なっている。しかし、究極の目的においては同一である」

(65)　欄外に以下の補筆。「〔あらゆる科学は〕それ自体、国家学の要素である」
(66)　欄外に以下の補筆。
「法律のためのその意思の内容
　1．各機関の権限
　2．責任
　3．全行政組織の一体性」
(67)　原文では Constitutional Right。
(68)　原文では Administrative Right。
(69)　以下のⅡ、Ⅲは原文では欄外に後から補筆されている。
(70)　原テクストでは当初この後改段。後に改段解消の指示加筆される。
(71)　欄外に以下の加筆。
「財政上のもののみならず、一般的にその国家に何らかの実質的義務付けをもたらすすべての条約」
(72)　原テクストでは当初この後改段。後に改段解消の指示加筆される。
(73)　この段落欄外に以下の補筆。
「さて、一大問題は、誰が、ないしどの事項が軍に属し、どれが属さないかということである。

なぜなら、戦争についての国際法はすべて、軍に帰属するからである。

問題：医療組織や経理部などは、軍の一部をなすのか、それとも行政の一部なのか。」
(74)　regalia、Regalien。君主のもつ様々な特権、高権。本文中にあるように、貨幣鋳造権、関税徴収権、狩猟権、鉱業権、製塩権、市場開設権などからなり、それらは君主の重要な収入源となっていた。

(75) 原テクストでは当初この後改段。後に改段解消の指示加筆される。

(76) 同上。

(77) 原語は state cash。

(78) 金札は太政官札とも呼ばれ、明治政府が発行した最初の紙幣である。当初殖産資金の調達のために発行されたが、実際には政府の歳入不足の補填の用に供され、そのために乱発された。この結果、東京・京都・大阪では正貨に対して六割余りの下落となり、金札の流通は困難を極めた。

(79) この記述から分かるように、シュタインは「司法行政」という語を通常われわれが考える司法そのものとして用いている。そもそもシュタインの国家学においては立法権、行政権、司法権の分割を説く三権分立論は認められず、そこでは司法作用は国家意思の執行の一形態として行政のなかに包摂されている。彼は、国家の自我、意思、行為という人格的存立のための三要素とそれを体現する国家元首（君主）、立法府（国民議会）、行政府という三機関を区別しているが、その理論体系のなかでは国家権力の分割という思考回路は希薄で、むしろ前述の三要素の協働による国家人格の有機的完成という統合の意義が強調されていたのである。

(80) この段落の欄外に以下の補筆。
「A．司法大臣は、正義の管理者たる法廷の手続が法に則ってなされるように配慮しなければならない。

B．裁判所は、すべての個別的問題について正義の執行者である。したがって、司法大臣の本来的な管轄は裁判所の作用である。—裁判所の管轄は、私人ないし個人の間の法律問題である。」

(81) 当時のドイツではビスマルク憲法第七六条により、立法議会の上院にあたる連邦参議院がラント間の争訟などの憲法争訟の処理を委ねられていた。また、オーストリアでは一八六七年の「帝国裁判所の設置に関する国家基本法」によって、憲法裁判所としての帝国裁判所（Reichsgericht）が設けられている。しかし両者のもつ憲法裁判所としての限界について、宍戸常寿「憲法裁判権の動態（一）」『国家学会雑誌』第一一五巻三・四号（二〇〇二年）四八頁以下、ヴィルヘルム・ブラウネーダー（拙訳）「憲法とは何か」『人文論集』第三八巻二号（二〇〇二年）を参照。

(82) ビスマルク憲法第二七条「帝国議会は、その議員の資格を審査し、これについて決定する」。

日本帝国史および法史の研究——ローレンツ・フォン・シュタイン

今世紀は、というよりもむしろ今世紀の我々の世代は、はるかかなたの新世界から我々を出迎えてくれているもの全ての故に、それ以前の時代とは完全に区別される。すなわち、かつては異質なものや見知らぬものは公衆の日常世界においてのみならず、多かれ少なかれ学問教育の場でも、えてして奇異なものという観点から眺められ、それらが関心を呼び起こすのは、我々にとって身近なもの全てと異なっているが故にそれが著しく人目をひくから、という場合に限られていた。だがそれに対して我々は、真に学問的な新しい傾向とともに重大な一歩を踏み出したのである。この傾向にとっては徹頭徹尾異質であるものなどもはや事実上ほとんど存在しない。今まで未知であったものは完璧に理解しうるものとして既知のものたちの仲間入りをし、児戯に等しい感嘆の念の対象から学問の対象領域の拡大へと転じている。そのことはあらゆる面について生じており、したがって日本に関しても同じことが言えるのである。ここ数十年来地球の反対側からはこれまでに全く知られていなかった新たな素材が届いてきているが、それらがヨーロッパの学問的営みやここヨーロッパ中・西部の旺盛な対抗心によって克服されていくさまは、見ていて大変興味深いものである。日本を自らのうちに取り込んだのは地質学やその他の自然科学だけではない。民族学もまたそれを我がものとしたのである。芸術や芸術史は実に感嘆すべき理解力でもって日本の芸術作品を自己の圏内へと引き入れた。ライン氏(1)の著作はいつまでも、この分野におけるドイツ的明晰さと緻密さの記念碑であり続けるだろう。国民経済学はその貿易論や生産論を日本にまで応用したし、そのうえ、実用的歴史叙述のための素材をも我々は手にしたのであった。それに該当する偉大な労作をいちいち挙げることはここではできない。ウィーンやロンドンにあるような傑出したコレクションについても同様である。けれどもこれらのこと全ては、日本人が我々の社会の教養階級と接したとき、彼らがそこに見出す日本への理解度が既に今の時点でどれほど大きなものであるか、ということの証左を雄弁に物語っている。

だが、我々は次のたったひとつの分野についてだけは、日本で起こった出来事についての十分な知識をもっていないし、また正確には理解していないのではないかと思われる。その分野とは日本帝国の法生活である。

そのことについての所見をここで若干書き記すことが許されるならば、私はひとつの逆説をもって始めたい。この逆説によって次のことがもしかしたら期待できるかもしれないからである。つまり、以下のことが一般的に見て正当なものであるとすれば、我々は、将来伝えられるであろう、日本についての夥しい個別的な知識についても、それが正当なものであるかどうか、これによって代弁させたり、あるいは裏付けたりすることができるだろう、と。

その逆説とは、日本の偉大な国家的・法的発展について理解することができたわずかなことから私は或る見解に到達したが、それはすなわち、そこ日本において最も特徴的なこととは決して、この法生活という点において日本とヨーロッパは区別されるのではなく、むしろ両者が同質である、というものである。

当然なことに右の命題の価値をより詳細に考察してみようとすれば、ヨーロッパの個々の国々に立ち止まっていることは許されないし、日本の個別的な事例にかかずらおうとすることも同断である。そもそもそれについての然るべき知識は私にも欠けている。だが、今や西洋と呼んでも過言ではない極東の地の日本人たちが万事においていかなる歩みを辿っているのかを見ていると、そしてそうやって彼らがせめて我がヨーロッパの全体像を得ようとしているのを、それからそれを自分達の祖国へと持ち帰ろうとしているのを見ていると、我々も日本的珍奇さをしげしげと観察したり、あるいは日本の文物の風趣に手をたたいたりしているのをやめて、世界でも独自な文化を備えたこの地域に一度でもじっくりと相まみえてみることが必要であろう。そうしないのは公正を欠いたことではないだろうか。また、個別事例をその限りでしか見ずに、ヨーロッパ的視点からそれらを見下すことで或る国民の全体的評価を行い、彼らの本性や発展については個別的で些末的な観察しかしようとしないとしたら、それは本当に公正なことであろうか。

私はこの問題に深入りしようとは思わないが、読者が上述のような〔私の日本に対する〕イメージを奥で基礎づけているものを把握し、そしてその際、せめてこのイメージの特質が世界生活全体の発展過程に精神的に参画している人全てにのために開かれていることを望まれるのであれば、この日本の一般的意義を一度じっくりと考えてみることがやるに値することだと純粋に学問的な見地以外からも述べることができるのは何故にか、ということに関して若干のことを述べることが私には許されているといってよかろう。

こういって良ければ、およそ二十年ほど前に日本はそれまでほとんど知られていなかった島国から、世界生活の全体中の一分肢となることができたのである。そしてこのことは決して日本において一局的に生じたことではなく、世界生活の全体的な展開過程の顕著な一齣と密接につながっていることはおそらく誰にでも見て取れるだろう。つまりヨーロッパの文化と政治の極東への進展と一般に呼ばれているあの一齣である。

一般に次のようにいうことができるだろう。近年になって「東洋（Orient）」というかつての神聖なカテゴリーに新たな内容が盛り込まれ始めている、と。今に至るまで人々が東洋の名の下で本来的に把握していたのは、我々ヨーロッパ人が自分たちの歴史・言語・文化との関わりで理解することを学んだアジアの一地域のことでしかなかった。けれどもそうした場合、インド世界という有力な地域も理解されるのかどうかということからして既に疑わしいし、また、このような杓子定規的オリエント概念によっては、インド世界との境界から太平洋までのアジア東部がそもそも未知なものとなったり理解できなくなったりするのである。だがしかし、ヨーロッパの発展史はまさしくここにおいてこれらの国々の全未来を決定づけるような線引きを行っていたのである。私はこの線引きについて簡単に触れておかなければならない。というのも、そこには日本も含まれているのだし、それによって日本の位置づけが決められているのだから。

ここでは私は歴史的発展には立ち入らない。私が特徴づけたいと考えているのは、面積にして数千平方マイル、人口にして数百万人を抱えているこれら全ての国々とヨーロッパとの現下の関係が意味しているもの、ただこれのみである。

例えばイギリス領インドの国境に沿って北から南へと線を引いてみよう。そうすると東アジアの全ての国々は、そこからなかんずくヨーロッパとの関係上、三つの大きなグループに分かれることになる。

第一のグループを構成しているのは、ヨーロッパとの接触以前に既に独立した国家秩序を自らのうちに発展させていた国々であり、それ故にヨーロッパ的運動に際して、ヨーロッパ諸国から文字通り征服されねばならなかった国々である。そこに属するのは島国以外では、インドシナ半島の全ての国家である。それらのうち、現在ではトンキン、カンボジア、そして今やビルマがフランスとイギリスによって支配されている。インドシナの島嶼部では広大なスンダ列島がそうである。ジャワ島やボルネオ島はそこに含まれているか、ないしは含まれることになるであろう。

二番目のグループは、戦争による征服によって現在の国家形態へと併合されたのではなく、ヨーロッパの植民地化によってヨーロッパの生活へと併合された領域の全てである。そこに属するのはまずオーストラリアとその島々であり、それらと並んで巨大な島国であるニューギニアもそこに含まれる。後者が今に至るまで地理的かつ政治的な一大領域をなしているのは、ひとえに同一の重要性をもっているフィリピン諸島とカロリン諸島を巡る戦略上の意義の故である。

そして最後の三番目のグループをなしているのが太平洋の三つの独立国家、中国、日本、そして目下のところあちらこちらから声のかかっている朝鮮である。

このようなヨーロッパの諸列強による東アジア世界の分割、またこれら列強の太平洋という偉大な海洋領域との現下における接触によって、「太平洋政策」と端的に称せざるをえないような事態が今や浮き彫りとされている。ところで、多くの者はひょっとしたら次のように考えるかもしれない。そんなことは、海上を航行している船が時として水平線上に認める幻のようなものを意味しているだけだ、と。我々はこのような者たちと意見を闘わそうなどとは考えない。実際にはそうでないことは、ヘブリディーズ、ニューギニア、フィリピンの外交史を知っている者であれば誰でも知っているからだ。かつては誰もその存在を知らなかったそれらの国々の意義深い興亡の歴史について、我々は、その起源については別として、ヨーロッパの一国の首都を越えたその影響力については語ることができる。それ故、そのような太平洋政策なるものが存在することは一般論として誰も否定しないだろう。

その点へと議論を移すことはここでは不可能である。だが、誰もが考えている時代がじきにやってくるだろう。今までのようにイギリスやフランス・ドイツばかりではなく、南北からロシアやアメリカもこの政策場裡に登場する時代が。そうなると事態は重要性を帯びることだろう。一八世紀におけるアメリカやインドの運命がそうであったように、今や太平洋の運命も本質的にヨーロッパの戦場において決せられることになるだろう。これらのことがこの時代の青写真であることは明らかである。だが、そのなかでも次のことは既に現実のものとなっている。すなわち、未来がどのようなものとなるにせよ、太平洋の二大帝国である中国と日本の位置は上述の全ての問題にとって決定的なものとなっていくであろう、とのことがそれである。この点をここでより詳細に検討させていただきたい。その際にはっきりとしているのはただ次の点のみである。中国と日本を好きなように論評してみるのもいいが、はっきりしているのは中国の全性格を考慮してみた場合、何らかの政治的目的のために共同で事にあたるにはそれが不適切な国だということである。これに劣らず疑問の余地のないのが、既に日本は軍事的・統治的発展段階において、我々と「同盟〔を結ぶに値する〕能力（Allianzfähigkeit）」に達しており、そして更なる発展を日に日に遂げているということである。ヨーロッパ諸国が、ヨーロッパにおける極めて重大な諸問題の基盤を形成し、「権力圏（Machtsphäre）」や「利益圏（Interessensphäre）」の名で呼ばれている自分たちの政策の内的カテゴリーを太平洋においても展開し始めた場合、このような同盟能力がいついかにして最高度の実際的意義をもつに至りうるのか。我々のなかでこのことを知っている者は誰もいない。だが確かなことは、そのようなケースにあっては地理的にも、保有している港から見ても、急速に発展してきた海軍を見てみても、そして統一的に治められている戦闘的な住民という点からも、キャスティング・ボートを握っているのは、同盟能力を有している日本だということである。それ故、この国に学問的かつ芸術的関心をもつことは非常に有益なことなのである。この国は世界中で最も古い国でもあるし、同時に別の意味で最も若い国でもあるという特性をもっている。とはいえ我々は、他ならぬこの国のことを知り、そして理解することは、実際的な重要性が高いのでそう遠くない未来に行われるであろうとの観測に固執していることはできない。ヨーロッパの列強がまさに近時になって真剣そのものでこの国のことに注意を払っているのは、理由のないことではないのである。私はここから生じてくる諸問題にこの場で立ち入ったりはしないし、私のわずかな知識では通商や芸術についての実際的関心の領分にかかずらうことは不可能である。けれどもそれにもかかわらず、右のことから私には次のことが明らかであるように思われる。つまり、日本の現状の特徴と見なさざるを得ないものについて、少なくともそれを評価するための観点を見出すことは、努力次第では決して無理ではない、ということである。

ところで、ある国民の性格と発展過程をその生活の個別的現象から学び取ることは不可能である。それというのも、そういった個別的な現象とは、それ自体様々な勢力から帰結されたものでしかなく、そしてそれら諸勢力とは、その精神的存在規定を他ならぬ諸個人や国民の個性によって形作られているものだからである。それ故、これら諸勢力の理解へと観察者は遡及していく。そして観察者が探し見つけ出したものの価値は、まさしくこれら諸勢力をどれだけ理解しているのかによって測られるということ、このことは確実なのである。

このような一般的な認識から次の問へはもうほんの一歩である。現在極東の島国から、単なる若い学生たちばかりではなく、ひとかどの大人たちもがヨーロッパへと赴き、我々のことを、我々の制度のことを、そして我々の法のことを学ぼうとしているが、そのように彼らを駆り立てているのは一体我々のなかのいかなるファクターなのだろうか。読者は、世界史においてこのような事態と比肩しうるのはほとんどひとつしかないことに気づかされるだろう。とはいえ、他ならぬこの唯一の事実は、我々をして更なる省察へと促すものである。

我々が知る限り、ある国民が国制＝憲法や行政の問題を研究するために他の国民を直接頼ってきたなどということは、歴史上ただ一回しか生じなかった。ローマ人が自分たちの国制のモデルを手に入れるために、かつてギリシアに使節を派遣したことがそれである。(2) この真偽は別として、形式的歴史論から生活の実相へと目を転じたみたときに、我々の前に現われる真に重要な問とは次のようなものである。ローマ人が、結局のところ自分たちは生活の最も本質的な核をギリシア人と共有しているのであり、そしてひとえにそうであるから、ギリシアの国制や行政のエレメントを自分たちの国にもって帰ることができるのだと考えていなかったとしたら、いかにしてこのことが可能であったろうか。

二千年も前のこのようなローマ人たちの試みの基底には右のような対等性という意識が多かれ少なかれ明瞭なものとしてあった。だとすれば、同じ意識は以後の同様の事態に際しても基底にあるといえよう。この点はほとんど争いの余地がないであろう。だがとはいえ、次のこともまた確かである。この命題を日本の近時の運動にも当てはめるためには幾重もの固定観念や数多くの先入観の克服がなされなければならないのである。

というのも、我々が日本の法生活や国家生活について知っていることは極めてユニークなものであり、また我々のそれとは異質であるので、我々ヨーロッパと日本とが同じ歩みを辿って来たなどとはとてもいえないということは一瞥してすぐに明らかだからである。なるほど過去十年の出来事は、それ以外で我々が日本の内的生活について知っていることと相まって、日本とヨーロッパとの間に見出しうる共通項は、日本がヨーロッパの事物を習得しようと努力していること以外には、本当にわずかしかないかのようなイメージを引き起こしてきた。ライン氏のような最も著名な知日家ですら、我々の歴史的発展と日本国の歴史的生活過程との間に介在している明らかな類似点を示唆するのにそんなに筆を費やしてはいない。そのような個別的な現象に多大の価値を置くことは、我々の全教育過程に照らしてみたとき許されることではないのに。かくして、どうにも仕方のないことではあるが、あまりに夥しい人々の間に、日本の国家生活もその芸術世界とは大きく違わないとの考えが流布してしまっているのである。彼らはそれは世界史上この上なく興味深い存在であるが、それと同時に完全に異質なものだと考えてしまっているのである。

さて他ならぬこの点は、少しよく事態を見てみれば自ずと変わることであろうし、日本の内的歴史への研鑽を年々積んでいけばますます改まっていくことだろう。というのも、個別的なことを度外視すれば、あらゆる国家の生活全体のなかにはその歴史的発展の特性と名付けることのできるものがあり、そしてそれが等しいところでは、個別的な事象にもその外的な相違とは別の光があてられることになるはずだからである。

このような観点に立って、ヨーロッパ各国の歴史の間のあらゆる相違にもかかわらず、それらの発展を大体において支配しているその同質性を探求すれば、ひとつの大まかな像が得られる。大まかといってもそれは、各国が自分自身についてのものだと十分容易に認識できるものなのであるが。

ヨーロッパの公法史・私法史はヘルクレスの円柱(3)からヨーロッパの北方、南方そして東方の境界に至るまで、等しく三つの大きな基本形式を共有しているといえるだろう。この三つは個々の形成物や現象全ての担い手と見なされねばならない。これらは歴史的発展の諸段階を形成するものでもある。我々はそれらを次のように呼ぶことにしよう。氏族制（die Geschlechterordnungen）の時代、身分制（die ständische Ordnungen）の時代、そして一体的な公民制（die einheitliche staatsbürgerliche Ordnungen）の時代である。最後の公民制は更に二つの基本形式に分かたれる。絶対王制（die absolute Monarchie）の時代と立憲制（die Verfassungen）の時代である。

これら基本形式の歴史的連関が、いかに人間生活の本質に深く根差したものであるかを立証することは、当然ながらここではできない。だが、それらの基本的な特徴は十分に明らかである。

氏族制とは次のような社会及び国家の形式である。すなわち、共同体という根本的観念が国民の土地全てを覆っており、共同体に属する個々の人間は農業経営のためだけに耕地を受け取り、それが故に国家的貢納によって人格的に拘束されており、そして国家の元首である王は、古き氏族たちのなかの最古のものの首長であるような秩序である。

身分制のもとでは、始源的なラントゲマインデの根絶とか優秀な戦士への授封によって、共同体的土地所有が解体され、個人所有へと移っていく。王はかつては個人に全ての土地を授与していたのであるが、やがて貧しくかつ非力な存在となり、それとともに各々の領域は独立してそれ自体ひとつの小さな法世界となり、そして王から授封された臣下は主権者となる。かくして領主制が成立する。それはカール大帝以後の全ヨーロッパの性格を形作ってきたものである。領主制とはこの大陸全土の占有を分割するにあたっての基本形式であるが、そこには兵力の分割という問題も結び合わされている。戦士であるのはもはや各個人ではなくて領主権者のみなのである。ここから第一身分が生まれる。それは戦士身分であり、それは同時にその土地所有によって支配者身分となり、後代になると「貴族」という概念で抱摂されるのである。この身分と並んで第二の身分、すなわち聖職者身分が独自の土地所有、機能、権利をまとって現れる。そして最後の第三の身分が、産業的所有、都市、そしてツンフトとインヌングに基づく兵制をもった市民層である。これらの身分が全体となってある一定の領土において統合され、身分制秩序を形成するのである。そしてそれがヨーロッパ全体の状態だったのである。

同様にしてヨーロッパ中に同一の結果がもたらされた。王権の権力喪失と主権的領主によって万人相互間でのフェーデが帰結されたのである。最初にあった領土や公爵領は解体し、万人の万人に対する戦いが始まる。古き法は失墜し、新しい法はいまだ成立していない。ヨーロッパの各地で見られるのは荒涼とした戦いと秩序なき混乱の絵模様である。このようにして国家の理念は独裁的なだけの大小の領主制のなかへと解消され、フェーデが不断に繰り返されることになる。この時代を我々は中世と呼ぶ。

このような時代の悲惨さは、同時にそれを救いうる唯一のものをも作り出す。国家元首、すなわち国王の手のもとで国家の統一的権力を樹立することがそれである。しかし国王がそれをなしうるための条件は、彼が他の何らかの権力の独立性を全て根絶やしにすることにある。彼は主権的であるのみならず、絶対的でなければならない。かくして国家生活の第三の偉大な時代が始まる。それは絶対王制の時代である。この時代は一六世紀に始まり、一九世紀の初めまで続いた。そしてこれに続いて統一的国家の第二の形態が緒に就く。すなわち立憲制の時代である。これもまたヨーロッパ的な現象である。それは中世や絶対主義と同様にヨーロッパ中に行き渡るのである。我々は立憲制の性格をここで論述するには及ばない。とはいえ、それがヨーロッパの内的な国家生活の歴史全体の必然的な終着点であることは確かである。

さて、このような三つの顕著な根本形式と無縁に発展してきた国民や国家は全て、我々ヨーロッパの生活とは異なると考えられることになるのではないだろうか。そして他方でこれらの根本形式が見出されるところでは、他ならぬヨーロッパとの同質性も争うことはできないと認めざるをえなくなるのではないだろうか。

ところで、我々は日本の内的な歴史についてはまだ比較的わずかしか知ってはいないのであるが、それでも個々の物事の間には大きな隔たりがありうるとはいえ、世界中のあらゆる国民のなかで日本ほど明瞭にヨーロッパと同一の発展段階を経てきたものは他にない、ということは少なくとも完全な確信をもって言うことができる。日本国民の第一のエポックは氏族時代であり、第二のそれは完成され尽くした身分制の時代、そして第三は絶対王制の形成の時代なのである。そしてこの第三の時代はヨーロッパと同様、更に二つのエポックを含んでいる。ひとつはこれまでの将軍家による純粋な絶対主義の時代である。言うまでもなく、将軍家は日本において旧身分制的特権をヨーロッパと全く同じ形で存立せしめたが、この身分制や身分的偏見が維持されえなくなるや没落し、立憲国家の思想に道を譲った。これらのこと全てはヨーロッパのとは別の形式と名称をもってはいる。だがそのことは事態の本質そのものを変更するものではない。むしろここで真に目をひくこととは、数十年の遅れはあるものの、日本がヨーロッパと同一の時代区分に到達していることなのである。それ故実のところ、この国は我々と多種多様なつながりをもっているのであり、我々にとって異質な国家ではないのである。日本は現在我々から多くのことを学んでいるが、我々もその過去と現在のなかへと多少ともより深くかつ偏見なしに歩を進めようとするならば、必ずやすぐに、そこには学びうるものがあるということが分かるであろう。

したがって、この観点から日本の内的な歴史を、せめてその顕著な特質についてでも留意しておくことは、意義のあることだろう。個々の時代それぞれの状況についての基本的な知識を得ることは、ここではおそらく無理であろう。実際、それが可能となるのは、日本の学識者がようやく我々が歩んでいるのと同じ道に足を踏み入れ始めたときなのである。それ故我々は断言する。このなけなしの文章がそのための刺激を日本の知識人に与えるかもしれないとしたら、我々はそのことを誇りに思う、と。というのも日本人は、歴史をもっているとはいっても、ヨーロッパ的な意味での歴史叙述や、わけても「法史・帝国史」の観念を欠いているからである。

そこで、我々はここで、日本史をこの観点から把握し、その簡単なスケッチを提示してみたい。この発想の詳細な論究は専門知に長けた人に任せておかなければなるまい。我々にはその自信がないのだから。けれども、東京にある大学が新しい組織になったとすれば〔一八八六年、帝国大学令が発布され、東京帝国大学が設立されている〕、我々は次のことを確信する。彼の地でも歴史研究は年代記を主眼とした中国学と決別し、学問的なものへと進展するであろう、と。

以下のことだけは疑いようがない。日本史上の諸事実を前にしたとき、我々は全くのところ、それらをヨーロッパと同じような氏族制時代、身分制時代、そして絶対制時代の三大エポックに分割しないわけにはいかなくなるのであり、そしてこの上なく興味深いことには、そこで生じている出来事は、それが紛うかたなくヨーロッパのものだと信じるのに実のところほとんど名称を変えさえするだけでよいのである。しかし我々はこの点はおいておいて、日本史上の諸事実の一般的な特徴付けに論述を限定しなければならない。

氏族制と氏族的王権の起源は、ギリシア、ローマ、そしてゲルマン世界と全く同様にここでも闇の中にある。この時代の始まりは紀元前約六六〇年頃で、この頃日本の最初の氏族王である神武天皇が現れ、帝国の領域を徐々に獲得してそれを組織化している。このような最初の組織化はヨーロッパ世界のそれと完全に同じものである。氏族の長としての王は自らの血筋を神々から導き出している。そしてこれらの神々は祭司たちによって祭られているのであるが、彼らはガリアのドルイド僧やオーディンの祭司たちのように自然崇拝の一形式を執り行う者たちなのであり、この自然崇拝の頂点が次第に他ならぬ氏族王その人の崇拝となっていくのである。これがいわゆる神道（Shinto‐Religion）である。そこにあるのは国民の伝統と諸々の自然的な力の観照との融合であり、やがては王家〔天皇家〕の私的宗教として今日まで皇族とともに命脈を保ってきた。けれども、国土は全国民の共有物と見なされている。その証左は、王が全ての土地の所有者だという思想である。これは始源的ゲルマン理念と軌を一にしている。そこでは全ヨーロッパの法的表象が国王の最上のレーエン宗主権のなかで把握されていた。だが、ヨーロッパではこれがいわゆるローマ法の影響の下、私的所有権の承認に取って代わられたのに対して、日本では近時まで生き永らえてきたのであった。それひとえによって日本の大小の領主たちや諸侯（Herzöge)、そして帝国男爵たち（Reichsbarone）が有していたあらゆる土地所有や権利を全て帝に差し出すという、一八六九年の宣明〔版籍奉還〕が可能だったのである。現在では、土地に対する自由な私的所有権という考えが普及している。そしてこれによって初めて新しい時代の基礎づけが開始されたのである。この間、日本の天皇家はヨーロッパの王権と極めて似通った歴史を有してきた。歴代の天皇は、カロリング家と全く同様、大きな領域の軍事行政のために臣下のなかから将軍を任命している。だが、天皇は他方で、非常にたくさんの土地を個々の氏族に授与していたので、手元には何も残ってはいなかった。このような所有地の欠乏によって、ここでも権力の喪失ということが引き起こされたのである。そしてほぼカール大帝の後継者たちの時代に、日本では全生活の力点が天皇から乖離し、強大な諸侯たちの掌中に帰していった。今やヨーロッパと同様に、至る所で諸侯たちによる従属的な家臣団（Vasallen）の形成が行われ、これらはレーエン宣誓を行って、諸侯に武力的に服従することを余儀なくされた。だがこの時期にあっても、旧来の氏族王制は存立し続け、自己の周囲に最高次の官吏団を形成していた。それはミニステリアーレ（Ministeriale）の類似物で、いまや最高位の顕職となったとはいえ、所有や権力とは無縁であった。かくして、上層の宮廷貴族である「公家（Kuge）」と、領邦君主や単なる領主的貴族とが区別されることになった。そして権力無き王権は、まだ手中に残っている権力をつかさどるために、自ら幾つかある大家族のうちのひとつを味方に引き付けざるをえなくなった。そのようにして、ヨーロッパとは多少異質な日本的「宮宰（major domus）〔摂関家〕」が成立したのである。二、三百年の間この地位を占めてきた氏族が藤原（Fukiwara [sic]）氏である。この時代、天皇家から諸侯への支配権の移行がなされている。全ての土地が諸個人に授与され、自分たちにもはや何も与えてくれない者の意思に従うことを、諸侯に限らず小領主までもが拒否しだすや、天皇の支配は完全な終焉を迎えざるをえなかったのである。そしてこれとともに、一二世紀末頃新しい時代が始まる。そこで展開されるのは、またもやヨーロッパと本質的に同様な現象である。

すなわち、一一九〇年頃諸侯権力の天皇権力からの分離が、まず源頼朝（Joritomo）によって名実ともに完遂した。強力な家臣たちは確かに依然として天皇を自分たちの主人だと認知していたのだが、宮宰である藤原氏にはもはや従おうとはしなかった。これとともに今や日本は第二期に、すなわち身分制時代に入ることになる。この時代の個々の闘争と運動のことは当然のことながらここではおいておく。日本における身分制の形成が一度に起こりえたのではないこと、長い期間をかけてようやく確固とした形式をまとうことになったことも容易に了解いただけるだろう。だが、一三世紀になると早くも身分的区別はヨーロッパにおけると同様に着実な進展を見せることになった。ただし、そこでは市民階層は存在せず、代わりにこのうえなく不自由で不運な階層が存在していたのではあるが。その階層は「平民（Heimin）」と呼ばれ、古くからの農民たちや全ての職人たちを包括していた。これに対して、支配的な二つの階層は、ほぼ細部にまでわたって、ヨーロッパのと全く同じような性格をもち、全く同じように構成されていたのである。これらの階層の特徴付けを以下でわずかながら行っておこう。

まず第一に、武士階層が民衆から区別されるのは、当初は当然のことながら強大な諸侯家の相続可能性ということによってのみであった。ところが間もなく、ヨーロッパと全く同様に、そこから第二、第三の武士階層が生じてくる。第二のものは武装権限を有した領主たち、すなわち「大名（Daimios）」（die grossen Namen）と呼ばれていた当時の帝国男爵たちであり、第三のものはこれら大名に雇われていた兵隊たちである「侍（Samurais）」で、この者たちはその給金と生計とをヨーロッパと全く同様に物的十分の一税に基づく農民への租税から得ていた。大名は自分の上級封主〔幕府〕にだけは軍事的に服従しなければならないが、領地のなかでは彼は主権者である。各大名は自分の城を建て、その周りに侍たちが住んでいた。そして農民と職人は当時の日本では、ヨーロッパと同様、「税を払う不幸なる民衆（misera contribuens plebs）」となっていた。このようにして第一階級が成立する。それは武器でもって支配し、土地を所有する階層であり、したがってそこに含まれるのは将軍家、大名、そして侍である。次にこれと並んで第二階級、すなわち教会階層が仏教のなかから現れる。この階層が体現しているのはインド的な祭儀体系の全てであり、そこにはそのような祭司たちや寺院、尼寺が含まれ、そして固有の軍事権力をもって大土地所有がなされている。この大土地所有によって、この階層は教会的領主制を形成し、あらゆる政治的闘争に参与するのである。このような仏教の政治的形態はカトリックのそれと大変酷似しており、また全体的にも個別的にも同一の機能を演じているので、個別的に検討していかなかったら本当はまずいだろう。けれども、十分に確かなのは次のことである。すなわち、仏教を理論的に学んでみたところでは、実践的意義という点で両者には何も似たところがないということである。以上の二つが支配階級である。この両者の下にあるのが第三階級、すなわち工商人と当初は自由であった農民たちという被支配階級である。彼らは非自由という点で同一であり、萌芽的な商工業を行っている。これが上述の平民という最下級の形式的カテゴリーを形作っている階級である。だがそこでは、ヨーロッパのような都市の形成とそれに伴った市民階層の形成は、本来の意味での商業が完全に欠如しているが故に、ついに行われなかった。以上三階級の上には、昔ながらの天皇家が位置している。それは自らと、かつては公家としてカロリンガ時代のミニステリアーレのように極めて強大であった宮廷貴族とを何とかして維持している。天皇は相変わらず高位を担っているが、もはや帝国を統べる権力の保持者では全然ない。かくして、身分制時代はその基盤を発展させた。身分制的世界は自己充足的となり、今やその運動を開始することになる。それが日本における中世なのである。

日本中世史の運動基盤はヨーロッパと同様、他ならぬ上述した如き領主、すなわち大名の専制に求められる。この運動の展開過程は非常に明瞭なので、コメントは必要ないだろう。

その第一段階はヨーロッパのように、強大な豪族間の戦いの時代である。それはたちどころにフェーデへと本質的な移行を遂げ、全ての国家的制度を今にも壊滅せんとする。このような日本史上の悲劇的状況は本質的にはヨーロッパと全く同じくらい存続しており、同じような帰結をもたらしている。そのピークを築いたのが、将軍足利氏（Akisagas[sic]）治下の一五世紀末から一六世紀中葉で、この時民衆の不信感はついに独裁者〔管領〕を招き出し、彼によって将軍権力は蹂躙され、ほとんど主権者と化した諸侯との間で大規模な戦闘が行われている。かくして第二の時代が、すなわち絶対主義への移行が、独裁者の到来とともになされる。この独裁者が家康（Jyejasu）である。彼はリシュリューやクロムウェルのように、即座に自由の諸要素を自分の周囲にかき集め、国家権力を何よりもまず軍事的・中央的権力として行使し、天皇と並び立つことになる。彼は日本史における最も重要な人物である。フランスでそうであったように、すぐさま諸侯たちは臣下を束ねて強力な同盟を結成して彼に対抗する。戦火が燃え上がり、フランスでアンリ四世が、そしてイングランドでヘンリー八世およびエリザベス女王が、兵力によって国家統一を成し遂げるのとほぼ同じ時代に、家康は関ヶ原の決戦で大名の同盟軍に対して、勝利を収め（一六〇一年）、彼らを自己の中央権力の配下に置き、これとともに将軍家の単独支配という形の絶対王制の時代が築き上げられるのである。他方で将軍家は同時に、ルイ十四世がユグノー教徒に対してしたように、当時極めて強力となっていたカトリックの聖職者たちの権力を、国家統一の名において兵火をもって殲滅している。その後彼によって、数十年遅れてルイ十四世もしたことであるが、偉大な立法の時代の幕が切って落とされ、国家組織の整備が着手される。そしてこれは、中国的な要素や教理そして儒教の方法が、仏教の後継者となった画期的時代であった。もっともそれらは中世が終わるやその政治的権力をほとんど完全に失ってしまった。非道徳的な振る舞いを厳しく咎められ、世論の支持を得ることができなかったのである。それはさておき、この時代は合理主義の時代である。この時から、あらゆる身分の法を包括した有名な「家康の立法」を通じて、あるいは中国の教理や考え方の抬頭を通じて、あらゆる公教育の場で合理主義は支配的となっていき、そしてそれは今日まだ完全には克服されていない中国の制度に対する崇拝と並んで、原則として今日でも依然としてそのままのかたちでまかり通っている教会に対する無関心を日本に生み落としたのである。

この時代から日本は対外的な平和を存分に享受し、勤勉で禁欲的な日本国民の力で比較的裕福となり、それに伴ってヨーロッパのように詩や芸術が盛んとなり始め、それらは今では固有の歴史を備えるに至っている。けれども、中国の教育システムに付随して、今やそれまでの日本にはなかった二つの要素がこの国に到来する。ひとつは実質なき中国的形式主義が包含していたもので、もうひとつのものは中国的秘密警察原理――密告とそれがもたらす悲劇――の受容によるものである。新しい絶対主義的将軍家はあたかもマキャベリから学び取ったかのように、この二つの中国的要素をその統治期の間中推進し続け、自らを強大にした要因を保持しておくためには、諸侯や帝国男爵、すなわち大名たちの軍事的服属を完全にしておかなければならないと察知した。だが、それ以外では将軍家は彼らの自由に支配し、統治させた。外国との戦争は細心の注意をもって回避されていたが、儒教の教えにもかかわらず、公共的な福祉については何もなされなかった。以上が一八世紀の状況だとまずいってよい。ヨーロッパではルイ十五世の時代に当たる。さて、このような状況は今世紀の半ばまで続いた。それによって何がもたらされたのかということは容易に察しがつく。徳川氏（der Geschlecht der Tokugama[sic]）の世襲となっていた将軍家は諸侯の力を恐れ、彼らを軍事的にほとんど無能力とした。民衆の上にあぐらをかいていた侍たちは、全ての生業や仕事を不名誉なものと明言し始める。しかし、自立した都市は形成されえなかった。軍事力の外部にいる者全てに対して、大名が主権的であり続けたからである。このようにして将軍家自らの手で、そして儒教の力で、帝国の全体は無防備なものと化し、ドイツ帝国が今世紀の初頭にそうであったのと全く同様に、この建造物が瓦解するにはほんの一撃で足りたのである。

この一撃は世界生活の発展とともにやってきた。それまで東方ではその発展はインドとオーストラリアにしか及んでいなかったが、今や太平洋の北半分もその圏内に引き込まれた。北米の提督ペリーが将軍家との間に最初の通商条約を強要したのは一八五四年であった。これによって将軍家の疲弊は全民衆に明らかとなり、封建制的軍事制度は機能しなくなった。民衆は全くの無知のため、〔アメリカ合衆国のみならず〕その他の全ての世界とも敵対していると自ら信じ込み、若干のヨーロッパ人並びにヨーロッパの国々の船数隻を国民的憤激の餌食とした。さらにその後、ヨーロッパ人殺傷事件が引き起こされ、これによって生じた〔国際〕世論の圧力によって列強の海軍が一堂に会することになったのである。今やヨーロッパ列強は海軍を日本の領海に集結させ、一八六四年九月には難攻不落と思われていた下関の堡塁が砲撃を受けて落とされてしまった。将軍家の権力は完全に地に落ちた国内的には先の戦争によって国土をずたずたに引き裂かれ、国外的には〔列強に〕屈服してしまったのである。時代は進み、将軍家が自ら進んで自己の無能さを認め、また有識な諸侯たち自らが率直にそのことを諭すこととなった。かくして今や、国家の統一を樹立することが懸案となったのである。これなくしては全てが失われてしまうということを誰もが知っていた。そしてこれとともに生じた次の二つのことによって、日本における軍事的絶対主義の第一期に終止符が打たれたのである。それはまず第一に将軍の解任であり、全ての権力は天皇に譲渡された。ところが、旧来の大名が領主として居座り続ける限り、それだけでは少しも事態が好転しないと分り、新たな秩序はさらに決定的な第一歩を踏み出さねばならなかった。かくして、一八七九年八月四日(4)に至って、日本は独自のやり方でこれを成し遂げた。全ての大名が自分たちの領主権を完全に手放し、相応の補償と引き換えに、その権利をひとつ残らず無条件に天皇に差し出したのである。今や天皇家は国家の全軍事力についてのみならず、租税、裁判制度、そしてその他国内の全行政についても絶対的な権力者となった。これが今に至る時代の始まりであった。もっともそれより先、一八六八年に〔明治という〕新しい時代が始まっているが。以上は絶対君主制の時代であるが、そこではナポレオン一世のときと同様、領主制・身分的区別・教会は存在していないのである。

さて、このようにして始まった時代はまたもや二つの本質的に異なった時期を有しており、そしてここにおいて再び我々は、この時代もまた大体においてヨーロッパにおける生活の発展過程と対応しているという、あの一見して驚嘆すべき事実にまみえることになる。第一期、天皇家が完全にその一身に国家理念を担い、新たに立法を行って、家康以来慣れ親しんできた社会秩序の全てを打破する。これによって確かに一面で、旧来の身分制時代の残滓との戦いが次から次へと新たにもたらされた。依然として武装していた侍たちは革命時に、新しい天皇制原理に抗して蜂起した。だが執拗な戦いも一八七八〔一八七七〕年、天皇軍が有栖川宮の指揮下に田原坂（Taromazana[sic]）の血戦で侍の軍隊を完膚無きまでにたたき潰して、身分制勢力の最後の残滓を打ち砕き、天皇は争いの余地無く主権的な単独支配者となったのである。けれども、この単独支配は家康のそれとは全く違った性格をもっていた。天皇は軍隊の首長であるのみならず、領主制がなくなった今、帝国における唯一の行政権力となったのである。それ故、天皇は帝国の組織をそのようなものとして全く新たに作り出さなければならなかった。そしてこのような課題を前にして今や、現在の日本の活動を特徴づけているあの運動が始まることになったのである。

この点に立ち入ることはここではできない。だが、この運動の特質がそれのきっかけとなったものと連関していることは容易に分かる。そのきっかけとはヨーロッパ的国家生活という偉大な要因であり、我々が憲政（Verfassung）と行政（Verwaltung）という二つのカテゴリーで要約しているものなのである。天皇は一八九〇年に憲政を導入することを約束したが、即座にその基礎として新しい行政を樹立することに着手した。そして今や、我々のところでは個々の大学でしかなされていないことが日本帝国の全体で始められている。ヨーロッパの憲政と行政は日本の国家生活を指導しているあらゆる分子によって研究されているのである。そのエネルギーは、実のところ驚嘆に値する。このエネルギーを少しでも分ちあえる者だけが、彼らの熱意を想像することができるであろう。ここで個別的な点に立ち入ることはご容赦願いたい。だが、次の一点だけは断言できる。ヨーロッパで一八一五年から一八四八年までに準備されていたこと、そして一八四八年以来ほとんど全ての国々でなされていたこと、これらを今や日本はごくわずかの年月に凝縮して学び取らなければならないのであるが、我々にはそのことを容易にしてくれる前提があったのに対して、彼らはいまだにそれをもっていないというこ とがそれである。加えて、我が地で今日でもまだそれの大きな障害となっているファクターは彼の地にも存在し、その全負荷でもって、その最終的な完遂を困難にしている。にもかかわらず、この注目すべき国民は一時もためらうことなく、この課題を遂行している。かくして彼らはあらゆるアジア的なものから我が身を切り離し、文明国の列に連なったのであった。以上我々が行ってきた論述と比べてみたら、全体的なものの洞察に到達できないことを密かに苛立ちながら、細かな事柄に固執している論述は何とみすぼらしく見えることであろうか。

ところで、我々がこれまで極めて簡略的ながら跡づけていったことは、日本の今日の発展期にも見出されるものでもある。

現在でも日本の生活はヨーロッパを動かしているのと同じ生活を経験しており、あらゆる同じ問題や同じ矛盾を抱えている。それは今日でもヨーロッパの発展と独自の方法で並行しており、またそうあり続けている。そして忘れてならないのが、この「独自の方法」という点である。というのも、五つの事柄が現在でもなお、上述した〔ヨーロッパとの〕内的同一性の中にあってこのうえなく独自的な個性を日本に与えているからである。ここではこれら五つの事柄を指摘するだけで、検討することまではできない。そこに立ち入り、日本の社会的・国家的発展の全てにとってのその意義を詳述するには、独立の労作が必要である。ここではそれらを示唆することで満足しておかなければならない。

第一の事柄は日本的王制である。それは兵力の喪失から行政の喪失へと至ったが、今では、憲政と行政の場で絶対的権力をたちどころに手に入れて、そこに全く新しい国家組織を結び付けようとしている。

第二は日本的教会制度である。その本質はヨーロッパ的意味での教会では全然なくて、宗教と祭儀を純然たる結社と見なし、そのように取り扱うというものである。

第三は日本の婦人である。そのこのうえなく従属的な地位は、彼女たちが自分たち自身の所有権をもつことができないが故であり、このような無所有によって彼女たちは無権利と宣告されているのである。彼女たちの惨めな境遇はこのことと結び付いていてもたらされている。

第四のものは最も重要なもので、一から論じ直さなければそもそも理解し難いであろう。それは国民の意識に深く根差した、形式的法形成の欠如である。日本はアジアの諸国民がそうであるように、宗教や哲学は国民意識としてもっているが、公法・私法を問わず、明確な法＝権利概念をいまだにもっていない。法＝権利概念の計り知れない価値を会得することは、日本の国民および国家生活全体の未来にとって、究極的な決断となることであろう。

日本の全体的な生活を抱摂した大作は、今や以上の点を考慮して書き上げられることになろう。そこでは、個別的な事柄にしかすぎないものは割愛されているものの、目下激しい争いの的となって脚光を浴びている、この日本の全体生活という問題は、これによって次の世代には我々にも理解可能なものとなっていることであろう。

さて、もし仮に我々がこういった事態に精通しているとしたら、次に我々は最後の五番目の極めて重要な領域に足を踏み入れることになる。それは、その独自性において世界中に類を見ない、日本の言語と表記についての問題である。ここで日本語の三つの本質的に異なった書法――漢字・カタカナ・平仮名――に立ち入ることはできない。私は、この問題をにはお手上げだが、東洋会議（orientalische Congresse）ですらインドシナ半島までは至らずにいるのであるから、それも仕方のないことではなかろうか。とはいえ、我々は最後に次のように心から念じておきたい。非合理的であることこのうえない旧来の日本語の表記をラテン文字に代えようとしているローマ字会（Romai－kai［sic］）の近時の運動が、近いうちにその成果を享受せんことを、と。

［訳 注］

＊ 本文中〔 〕内は訳者の判断で補ったものである。

（1） Rein, Johannes Justus（1843―1918）ドイツの地理学者。一八七三年から七五年まで日本に滞在し、日本の地理、産業を調査。主著 *Japan nach Reisen und Studien*, 2 Bde., 1881―86.

（2） 紀元前五世紀の半ば、十二表法の制定に先立ってローマがギリシャに派遣したとされる使節団を指す。

（3） ジブラルタル海峡東側入口に立つ岩山のこと。

（4） 先述の版籍奉還を指すものとみられる。したがって一八六九年の誤りであろう。後述（【解説】）の一八八七年訳も一八六九年に直して訳している。

【解　説】　右に訳出したのは、*Oesterreichische Monatsschrift für den Orient*. 13 Jg., 1887 に掲載されたローレンツ・フォン・シュタイン（Lorenz von Stein）の日本法史論である。この論稿は最近翻刻され、Wilhelm Brauneder/Kaname Nishiyama（Hrsg.）, ***Lorenz von Steins "Bemerkungen der Verfassung und Verwaltung" von 1889 zu den Verfassungsarbeiten in Japan***, Frankfurt a. M., 1992. に収められている。翻訳の際の底本としたのは前者である。あまり知られていないようであるが[1]、本論文はオーストリアで発表されたその同じ年に、はやくも翻訳されており（「日本帝国及ヒ其法制ノ沿革」『国家学会雑誌』第六号、第七号（一八八七年））、翻訳にあたってはこの訳業を必要に応じて参照させていただいた。ただし、この訳には若干訳し落としている箇所があり、厳密な意味での全訳は本訳が最初である。

さて、シュタインのこの論文については既に、平野武教授による詳細な内容紹介を兼ねた研究がある（「シュタインの日本国制史観」『龍谷法学』第一二巻三号（一九七九年））。シュタインの日本史論についてはさしあたりこの平野教授の業績ならびに尾佐竹猛氏の「須多因氏の観たる日本の国体と風俗」『昭徳』（一九四一年九月号）の参照を乞うとして、ここでは本論文がもつ比較法学上の意義について若干記しておきたい。

シュタインは学位請求論文に「比較法学への寄与として」という副題を付していることからも窺われるように[2]、当初は比較法学を志向する法史学者であった。この比較法学への関心から彼はフランスに留学し、フランス法制史の研究に携わる傍ら、当地での活発な社会変動に接することで、「社会（Gesellschaft）」の概念に開眼し、法学を単なる実定法規の体系的解釈学としてではなく、法と「生活関係（Lebensverhältnisse）」との密接なつながりに注視した「法の社会理論」として構築していくことになる。

本論文はそのようなシュタインの方法的視座が、非ヨーロッパ圏の国である日本に応用されたものとしてシュタインの思想上、画期的意義をもつものであったと評することができる。というのも、それまでのシュタインは、「生活関係」の名において歴史的統体としてのヨーロッパという「実体」を観念しており、したがって彼の比較法学とはヨーロッパ法学の域にとどまっていたからである。本論文においてシュタインは、「世界システム」としての近代ヨーロッパ経済の拡充（イマニュエル・ウォーラーステイン）に伴い、その「生活関係」の概念をそれに合わせて広げ（本文中に繰り返し出てくる彼の「世界生活」という概念を想起されたい）、もって日本法史を体系的に論述するに至っている。[3] 勿論、そこには無視しえない問題性もはらまれている。彼の「生活関係」概念があくまでヨーロッパ史を基準として成り立っているというヨーロッパ中心主義の故に、帝国主義的性格を多分に示しており、他の法圏に対する配慮に乏しい点などはその最たるものであろう。今日、比較法学をシュタイン的観点から叙述するとしたら、ヨーロッパ的世界システムへの編入に伴って、伝来の「生活関係」に立脚した法制度がいかなる変容を被ったか、という視点の変換がなされるべきであろう。したがって、本論文から我々は、当時これほどに「我国史に精通し」た欧米人がいたことに驚嘆し、「我国の長所美点を指摘せらるゝ」ことで「自然に頭の下がるのを覚えな」[4]いと痛感するのもさることながら、上述のような比較法史学的方法論の理論的展開の可能性をこそ模索すべきであろう。[5]

（1）　例えば、後述の平野、尾佐竹両氏はこの訳業に言及されていない。これに対して上原貞雄『戦前期日本におけるシュタイン界想の受容動向』（風間書房、一九九四年）では、この翻訳もフォローされている。

（2）*Die Geschichte des dänischen Civilprocesses und das heutige Verfahren. Als Beitrag zu einer vergleichenden Rechtswissenschaft.* Kiel, 1841.

（3）本論文はドイツ人が日本社会を体系的に論じたものとしては最も早い部類に属するといってよかろう。ちなみに、マックス・ヴェーバー、オットー・ヒンツェらの日本史像に多大な影響を与えたカール・ラートゲン（Karl Rathgen, 1855―1921）の最初の日本論が出版されたのは一八九一年である（*Japans Volkswirtschaft und Staatshaushalt.* ラートゲンについては、勝田有恒「カール・ラートゲンの『行政学講義録』―ドイツ型官治主義の導入―」『明治法制史・政治史の諸問題―手塚豊教授退職記念論文集―』（慶応通信、一九七七年）一二五頁以下、を参照）。シュタインの日本論については本文中の平野、尾佐竹両氏の業績が参考になるほか、『近世英傑伝』第四巻（大日本文明協会、明治四四年）七七〇頁以下にもまとまった叙述がある。

（4）尾佐竹前掲「須多因の観たる……」一〇七頁（引用の際、旧字体は新字体に変更した）。ただし、ここでの尾佐竹氏のシュタイン論は本論文ではなく、海江田信義の手になる『須多因氏講義筆記』（明治二二年、昭和八年復刊、翌九年『外人の観たる我が國體　墺國スタイン博士の國法學』と題して再版）に基づいている。なお、この書物には種々の版が存在するが、この点について、宮田豊「『須多因氏講義』考（一）、（二）完」『京古本や往来』（京都古書研究会発行）第五三号、五六号（一九九一、一九九二年）を参照。

（5）以上の点につき、次の拙稿も参照。「ローレンツ・フォン・シュタインの比較法学」『Historia Juris

③』（未来社、一九九四年）所収（後、拙著『ドイツ国家学と明治国制』（ミネルヴァ書房、一九九九年）に収録）。

（瀧井一博訳）

独逸学再考――解説に代えて――

瀧井一博

はじめに

本書で訳出したのは、神奈川県立金沢文庫に陸奥家より寄託されている陸奥宗光欧行時（一八八四年（明治十七）四月―一八八六年（明治十九）二月）の研究ノート七冊のうちの二冊、*"The Plan of State Science"*, *"Supplementary Notes on State Science"* である。これらのノートは陸奥が初代神奈川県知事を務めたことが縁となって、彼の死後遺族より同文庫に預けられているものであるが、本書の原本であるこの二冊（以下、陸奥・シュタイン講義ノート）は、陸奥が一八八五年（明治十八）六月二十日から同年八月十五日までのウィーン滞在中に、同府の国家学者ローレンツ・フォン・シュタイン(Lorenz von Stein）より受けた個人授業の記録である。(1) 他のノートをさしおき、あえてこの二冊をここに翻訳した理由をまず述べておこう。

第一に、訳者はシュタイン国家学の理論的特色とその日本への影響を考察するためにウィーンで在外研究に従事していた当時（一九九七年―九九年）、本ノートを同地において翻刻出版しており、(2) 今回それを日本語に移すことによって、シュタイン国家学の明治日本への継受に関する基礎資料のひとつを完全なかたちで編纂することができると考えた。実際、ウィーンでの出版物については、幾人かの方々から好意的な評価を頂戴すると同時に邦訳の計画を問われ、これを翻訳し日本の学界に提供することは、ひとつの「義務」であると訳者には思われた。

第二に、現在訳者は、いわゆる「独逸学」と称された、ドイツを範とする明治中期の国家論や政治思想の流行現象に関心を寄せ、その実態と歴史的意義の再検証を企図してきた。陸奥が残したシュタイン国家学のノートは、その分量や体系性、英語で著され講述者の校閲を受けているとみなされる点から(3)、当時の明治政府要人が摂取したドイツ国家論の精華を示すものと言ってよい。

第三の理由として、本ノートの掲げるState Scienceに寄せる訳者の関心を挙げなければならない。State Scienceとは、決して汎用力ある英語とは言えないであろうが、それが指し示しているのは、Staatswissenschaft＝国家学というドイツ的概念である。この国家学というもの、とりわけシュタインの国家学というものが歴史のなかで見せた特異な光芒を訳者はすでに旧著で詳論したことがある(4)。それは厳密な学としてはドイツの講壇のなかに正統な位置を見出せなかった不遇の学問＝ヴィッセンシャフトであったが、立憲国家の構築に着手していた当時の日本では大きな声望を博した。その理由のひとつとして、国家学がすでにある憲法（Verfassung）の解釈学ではなく、これからあろうとする国制（Verfassung）を構想し、設計する実践の学だったことが挙げられる。今日、そのような学の復権の兆しが見られるが[5]、だとするならばわが国が近代化の過程で初めてまみえた国制に関する実践知を回顧しておくことは、何がしかの意義があるかもしれない。

以上が本訳書を編んだ理由である。積極的な理由が第二点第三点であることをお分かりいただけよう。そこで以下においては、これら二点をいささか敷衍し、本訳書の解説にかえることとしたい。

Ⅰ　「独逸学」とは何か

法学・政治学を中心とするわが国の社会科学系諸学が、伝統的にドイツの思想・学術の強い影響下にあったことはよく知られている。それは明治時代からの一貫した流れであったことも今日の一般的な理解といえよう[6]。

このようなわが国へのドイツの精神文化の移入には、当初明確な政治的意思が介在していた。すなわちそれは一般に、「ドイツ学ないしドイツ的発想をもって、天皇制国家の強固なイデオロギーにし、それにより自由民権の思想や運動を沈静させようと[7]」するもの、と説明されるのである。このような政治的思惑のもと、明治中期に自由民権派の掲げる英米やフランスに由来する政治理論を淘汰するかたちで藩閥政府によって制度化されたのが、「独逸学」と称されるドイツの法学・政治学だった(8)。これによって明治政府は、天賦人権論や議会優位の政治思想を駆逐し、ドイツに範をとって強大な君主大権と行政権力の正当化を行ったと一般に説明される。

独逸学導入の大きな分水嶺として挙げられるのが、著名な明治十四年の政変である。この年の十月、参議大隈重信は福沢諭吉系列の青年知識人と結託して政府を転覆させようとしているとの嫌疑をかけられ、職を辞し野に下っている。この大隈追放劇は、同時に民間で隆盛を見せていた英仏系の政治思想に対する政府側の掃蕩宣言でもあった。同年三月に大隈はイギリス流の議院内閣制に基づいた政体改革案を上奏し、その急進的な政党政治の構想でもって政府指導者層に衝撃を与えていた。

これに対して政府は、政変の同日に出された「国会開設の勅諭」においてプロイセン型立憲君主制を来るべき憲法のモデルとすること、立憲化にあたって急進主義でなく漸進主義でもってのぞむことを宣言することになる。政変はいわば、英米やフランスに範をとって議会政治の早急の実施を求める政府内一派や民権派と対決し、彼らの護持する立憲思想に代わる別個の体制構想を実現する第一歩だった。そして、そのための理論的武器として掲げられたのが、他ならぬ独逸学だったのである。政府側のイデオローグ・井上毅はクーデターの激震冷めやらぬ十一月に提出された意見書において、「独乙学ヲ奨励ス」ることを提言し、「今天下人心ヲシテ、稍ヤ保守ノ気風ヲ存セントセハ、専ラ孛国

〔プロイセン〕ノ学ヲ勧奨シ、…英学ノ直往無前ノ勢ヲ暗消セシムベシ」と明言している。(9)

この井上の言葉そのままに、以後独逸学はまさに英仏学を「暗消」させる勢いをもって急ピッチで導入されていくことになる。政変の直前の明治十四年九月に独逸学協会が設立されているが、井上の尽力により発足・運営された同会は、伊藤博文、山県有朋、井上馨、松方正義、西郷従道といった明治の元勲を網羅した、まさに「体制の学」をシンボライズする組織であった。同会はドイツの法学・政治学上の著述を陸続と刊行してその普及に務め、そして明治十六年十月には独逸学協会学校を設立し、学の再生産機構を備えるに至る。同校のもと、支配層への独逸学の浸透という当初の目的も促進され、官僚向けのドイツ型政治経済学講習会の開講や『独逸学協会雑誌』の刊行によって、一連の学の制度化が完遂する。(10)

もっとも独逸学の受容をめぐっては、政府指導層のなかで別個の潮流も介在していた。それは帝国大学と国家学会を中心とする知の制度化の動きである。この路線への転轍と推進の役を担ったと目されるのが、伊藤博文であり、帝国大学初代総長の渡辺洪基である。十四年政変の翌年に渡欧して憲法調査に携わった伊藤は、特にウィーンの地で師事したシュタインにより立憲作業のあり方について大いに啓発され、帰国後シュタインの国家論ならびにシュタインその人を重要な権力資源として、明治憲法とその周辺制度の確立に強力な主導権を発揮することになる。その徴として特筆されるのが、彼による「シュタイン詣で」の嚮導である。伊藤の憲法調査の後、明治二三年九月のシュタインの死までの八年間（奇しくも明治憲法制定期と重なる）、日本の政府高官や知識人たちがウィーンのシュタインのもとへと間断なく押し寄せるという現象が招来される。そのなかには黒田清隆、後藤象二郎、西郷従道、谷干城、陸奥宗光、山県有朋といった錚々たる顔ぶれが見出され、この他、井上馨、松方正義、そして明治天皇その人も人を介してシュタインの教えを受けていた。彼らの幾人かは明確に伊藤の口添えや紹介状によってシュタインを訪問しており、「シュタイン詣で」の背景には伊藤という政治家の立憲国家形成に向けた計略の側面が多分にあることが指摘できる。

他方で、伊藤は帰国後、独逸学協会の向こうを張り、新たな学の樹立に着手している。既述のような帝国大学の設立と同大学法科大学内への国家学会の設置である。このような伊藤による大学改革の背景には、「人民の精神を直すは、学校本より改正するの外無之候」（明治十五年十月二二日付井上馨宛伊藤書簡）というシュタインのもとで得た確信があった。そして渡辺洪基という類稀な知の造形者の力を借りて、伊藤は国家学という政策科学的学問形態とその制度基盤としての国家学会を立憲国家形成の一環として設けるのである。ここに独逸学は国家学として昇華されたと言うことができよう(11)。

かくして、立憲国家を円滑に運営するための知の支柱を確立した伊藤はその後明治憲法の完成に邁進し、明治二二年二月十一日、憲法が発布される。十四年政変から八年。世上、これによってプロイセン型の君権主義に立脚した外見的立憲制度が成立したとされる。

Ⅱ　研究動向の確認

(1)　研究史の整理

このように、明治憲法体制の建設期とは、精神史的には独逸学の席捲時代だったといえる。例えば、当時の代表的な総合雑誌には次のような記事が紹介されており、独逸学の隆盛の模様をうかがい知ることができる。

嗟呼吹けよ独逸風吹けよ政治も汝の風となれ、学問も汝の風となれ、陸軍も汝の風となれ、書生の帽子も汝の風となれ、麦酒も汝の風となれ、吾人は汝の来るを知る、然れとも其の何故に来るかを知らさるなり。社会学先生曰く是れ狂風なりと、吾人其の故を問ふ、先生笑て答へす（『国民之友』第二号、明治二〇年三月）

この記事が揶揄するように、独逸学とは為政者の権力的関心に迎合して吹き荒れた突風にしか過ぎなかったのであろうか。言葉を換えるならば、それは今日でもわが国に往々にして認められる、浅薄な思想のモード現象のはしりに過ぎなかったのであろうか。ここではこれまでの研究史を回顧し、この時期におけるドイツ思想流行の意義を再考する余地を模索することにしたい。

明治期におけるドイツ思想継受を俯瞰した研究としては、早くには大塚三七雄『明治維新と独逸思想』(一九四三年、新版一九七七年)があり、戦後には梅渓昇『お雇い外国人 政治・法制』(鹿島研究所出版会、一九七一年)、小牧治『国家の近代化と哲学』(御茶の水書房、一九七八年)が挙げられる。すでにこれらの業績において、明治の政界官界ならびに思想界に浸透したドイツ国家思想の克明な見取り図が描かれている。大塚氏の著書はそれを明治の政治家や官僚の側から論述し、梅渓氏の研究はお雇い法律顧問の側からの記述となっている。小牧氏の著書は、ドイツ観念論受容史を眼目としているが、明治大正期の日本思想史の論述のなかで、明治期におけるドイツ思想受容のイデオロギー的機能の解明にも大きく紙幅を割いている。

この他にも個別研究のかたちをとった重要な研究がある。安世舟氏のブルンチュリ(Johann Caspar Bluntschli)研究(12)、ヨハネス・ジーメス(Johannes Siemes)氏のヘルマン・ロェスラー(Hermann Roesler)研究(13)、坂井雄吉氏の(井上毅研究の一環としての)モッセ(Albert Mosse)研究(14)、上原貞雄氏、早島瑛氏、平野武氏らによるシュタイン研究(15)は、独逸学を日本に伝えた〝伝道師〟に関する貴重な業績である。

だが、総体としての「独逸学」とその明治史上における特異な地位に関心が寄せられることとなったのは、何よりも山室信一氏の功績である。同氏の『法制官僚の時代』（木鐸社、一九八四年）は明治十四年政変を学の抗争として把握し、独逸学協会の設立ならびにドイツ国家思想の普及の意義を思想史的・政治史的文脈のなかで解明した名著である。同書により、独逸学の存在は明治中期の知識社会と国家制度の有機的連関のなかに定礎されたといえる。独逸学の研究は、思想の問題のみならず、制度の問題ともなったのである。

前掲の山室氏の著作から十年以上を経て、独逸学研究は昨今新たな展開を見せつつあり、今後の研究を方向づけるであろう重要な著作が相次いで刊行されている。まず挙げられるのが、一九九七年に発表された森川潤氏の『ドイツ文化の移植基盤―幕末・明治初期ドイツ・ヴィッセンシャフトの研究―』（雄松堂）である。この書は、副題に記されているように、幕末・明治初期におけるわが国とドイツ学術文化との交渉をたどり、独逸学協会創設以前の政府部内におけるドイツ学の地下水脈の存在を詳細に跡付けた労作である。明治六年に岩倉使節団の一員として帰国した木戸孝允が、米欧回覧のなかで感得したドイツへのシンパシー、そして木戸を中心とするドイツ・コネクションの形成が興味深く描き出されている(16)。

一九九九年には独協大学の堅田剛氏による『独逸学協会と明治法制』（木鐸社）が上梓された。同書は独逸学協会の後進たる独協大学に勤務する著者の堅田氏が、同校の貴重な史料を駆使して同協会の成立と発展を改めて精論すると同時に、ヘルマン・ロェスラー、アルバート・モッセ、ルドルフ・グナイスト（Rudolf von Gneist）、ローレンツ・フォン・シュタインのほかルドルフ・フォン・イェーリング（Rudolf von Jhering）やヨハン・カスパー・ブルンチュリ、さらには加藤弘之、穂積陳重、西周といった日本の重要な「独逸学」者の業績と相互の関係性を綴ったものである。著者ならではの見解が随所に見出され、独逸学をめぐる様々な歴史のエピソードへと読者を誘う。

また同年には、訳者による『ドイツ国家学と明治国制―シュタイン国家学の軌跡―』（ミネルヴァ書房）と題する研究も刊行されている。拙著は特にシュタインと明治日本との関係をテーマとしたものであるが、ここではじめて前記の「シュタイン詣で」の全容が解明されると同時に、伊藤に与えたシュタインの影響が検証されている。また、独逸学継受の新たな装置としての国家学会の設立経緯とその初期の活動が詳論され、同会の意義に新たな解釈を付すことが試みられた。その結果、井上毅と伊藤博文、独逸学協会と国家学会を同質的に把握する従来の見解に対して、井上と伊藤、独逸学協会と国家学会それぞれの間の葛藤や齟齬を示唆し、独逸学の普及をめぐる思惑の差異に注意を促した。(17)

目を海外に転じると、ドイツにおいてもこの間、重要な研究が現れている。なかでもパウル－クリスティアン・シェンク（Paul－Christian Schenck）氏の『近代日本の法・国家制度の形成におけるドイツの寄与（*Der deutsche Anteil an der Gestaltung des modernen japanischen Rechts－und Verfassungswesens,*

Stuttgart, 1997)』は、ドイツを主とする海外の図書館や資料館を博捜して、法制関係のお雇いドイツ人の経歴や活動を網羅し、今後の研究に大きな利便を提供している。また、安藤淳子氏の『明治憲法の成立（*Die Entstehung der Meiji－Verfassung*, Müinchen, 2000)』は、やはりドイツなどに残る未公刊史料を使って、表題のテーマにドイツの側からアプローチを試みている。安藤氏の研究では、グナイスト、シュタイン、ロェスラー、モッセらの独逸学四天王が制憲作業に与えた影響の再検討がなされているが、グナイストとモッセ、シュタインとロェスラーを同類項として捉える図式的理解に見直しを求めている点が評価される。

ドイツでの最近の研究の出現は、未公刊のものを含めた幾多の重要な資料の存在をわれわれに知らしめると同時に、独逸学とその本家たる当時のドイツの学問史との連環という当然といえば当然の問題に注意を促すものといえる（この論点をいち早く指摘し、そして実践された功績は、上山安敏『憲法社会史』（日本評論社、一九七七年）に帰せられる。だが、残念ながら上山氏の後、同氏の示された貴重な研究上の沃野を引き続き開拓する業績は乏しかった(18)）。

他方でこれらの研究は、視角が明治憲法起草作業に限定され、他の国家諸制度との有機的関連のなかで憲法の成立を把握するという思考に乏しく、明治立憲制度そのものについて何か新しい見方を示しているというわけではない。そのためもあって、肝心の独逸学に関しても、そのより全体的な国制史的意義付けという点で望蜀の念が募る。もっともこの点は、わが国の研究についてまず指摘しなければならない難点であろう。ここ数年、明治憲法史・政治史の分野で新たな知見を含んだ重要な研究が輩出してきているが、(19) それらによって憲法史は単なる憲法典の制定史にとどまらず、他の法制度・国家制度の形成をも視野に収めた国家の統治システムの全体的構造史へと転換を促され、さらには具体的政治状況のなかで憲法がいかに運営され、また変容していったのかが問われることになっていくであろう。そのようななか、明治憲法体制を単なるプロイセン的君権主義の亜流と捉える見解も再考を余儀なくされている。独逸学研究をはじめとする明治思想史研究も、そのような脈絡のなかで再検討が必要となっていることは疑いない。

(2) 基礎資料の刊行

また、以上のような新たな研究業績の登場もさることながら、様々の貴重な資料集がこの間ドイツにおいて公刊されていることが特筆される。まず指折られるべきは、石井紫郎、坂井雄吉、エルンスト・ロコバント（Ernst Lokowandt）三氏によって編纂されたアルバート・モッセとその妻リナの書簡集『さながらわが祖国のように（*Fast wie mein eigen Vaterland, Briefe aus Japan 1886 – 1889*, München, 1995)』である。ニューヨークのレオ・ベック研究所（Leo Baeck Institute）が保管している『モッセ家文書』所収の史料を編集したもので、一八八六年（明治十九）五月から一八九〇年（明治二三）三月までの滞日時に夫妻がドイツの家族に宛ててしたためた大部な数の書簡が収録されている。明治国制改革の中枢で実地に活躍した法律顧問が残した膨大な書簡の出版は、当時の政治改革の裏面を物語るものであると同時に、ドイツ人法律家を取り巻く環境や彼ら相互の人間関係などを伝える一級のドキュメントである。

同様の資料集として、独逸学協会学校のドイツ法教師を務め、後にドイツ帝国宰相となるゲオルク・ミヒャエーリス（Georg Michaelis）のものがある。ベルト・ベッカー（Bert Becker）氏の編になる『ゲオルク・ミヒャエーリス：明治日本におけるプロイセンの法律家（*Georg Michaelis: Ein preußischer Jurist im Japan der Meiji-Zeit; Briefe, Tagebuchnotizen, Dokumente 1885–1889*, München, 2001）』がそれで、コブレンツの連邦文書館に残されているミヒャエーリスの遺文書からやはりミヒャエーリス在日中の手紙や日記を収録した浩瀚な書物である。彼の私文書のみならず、独逸学協会学校関連のドイツ側公文書の記載やドイツの新聞記事も網羅され、研究の進展に資するところ大といえよう。

以上のような書簡集を中心とした資料集の公刊が、個々のお雇い法律家の活動の実相と人間関係について多くの知見をもたらし、いわば独逸学の社会史を記述するうえで不可欠のものである一方で[20]、その理論的内実をわれわれに伝えるものとして、これまで未知であった講義録の存在が挙げられる。これについては、相次いで出版されたシュタイン関係の講義の記録がまず挙げられよう。そのひとつが、一八八九年にウィーンで印刷された河島醇の講義録 "*Betrachtung über Verfassungen / Inquiries into Constitutions*" ならびに "*Einige Bemerkungen über die Grundsätze für die Organisation der Verwaltung / Some Remarks on the Principles of Administrative Organization*" を発見された西山要氏が、ウィーン大学のヴィルヘルム・ブラウネーダー（Wilhelm Brauneder）氏とともに編纂された書物（*Lorenz von Steins >>Bemerkungen über Verfassung und Verwaltung<< von 1889 zu den Verfassungsarbeiten in Japan*, Frankfurt a. M, 1992）であり、もうひとつが本訳書の原本たる "*The Plan of State Science*" と "*Supplementary Notes on State－Science*" を収めた『ローレンツ・フォン・シュタイン日本論集（Kazuhiro Takii (Hrsg.), *Lorenz von Steins Arbeiten für Japan*, Frankfurt a. M, 1998）』である。ともに金沢文庫所蔵の資料であるが、前者は伊藤博文旧蔵書のなかにあり、[21] 後者は前述のように陸奥家寄託文書のうちの一部である。[22] その他、モッセの日本への置き土産とも称すべき大部な憲法講義録も最近、三浦裕史氏によって復刻された。[23]

以上のようなお雇いドイツ人法律家の基礎資料は、今後の調査によってさらに発掘されることが期待される。大石眞氏の紹介になる議院法制定に関するクルメッキ意見書[24]や訳者の調査した『クルメッキ文書』所収の日本関係資料、[25] また同じく訳者の紹介になる『グナイスト文書』中の日本人書簡は、[26] 独逸学をめぐる人的ネットワークの意外な広がりを知らしめ、そしてその影響関係を再検討するインパクトを秘めている。こういった未発見の講義録や書簡資料を探索し、それらを綜合することによっ

て独逸学の全体像に迫る試みは、明治思想史の欠を埋める重要な作業といえよう。(27)

Ⅲ　研究の課題

以上のように独逸学をめぐる研究状況は、近年大きな飛躍を見せている。それでは、この点を踏まえて、独逸学研究は今後いかなる方法と方向で進めていくことができるであろうか。以下、訳者なりの視点と問題関心から、研究の課題と今後の発展可能性についていくつかのポイントを提示しておきたい。

まず、独逸学研究の「立場」である。それが日独関係史・交渉史の重要な一分野であることは言うをまたないが、訳者としては明治思想史と憲法史に占めるその意義を強調したいと思う。従来この二つの分野においては、在野の民権家の諸思想と官学イデオロギーとの二項対立図式が所与の前提とされてきたといえる。民権運動の圧伏のために藩閥政府が唱道したのが独逸学だったという側面は確かにあるが、だとしても独逸学が瞬く間に当時の思想界を席捲していったのは、政府側の言論統制や運動弾圧という外在的理由のみで説明できることなのであろうか。独逸学の理論を内在的に検証することを通じて、英仏学から独逸学へのヘゲモニーの転換をもう一度捉えなおす余地があるように思う。[28] そして山室氏の大著の登場以来、そのような視角からの研究史の見直しは確かに進められている。堅田氏の著作や拙著は、その延長上に位置したものと捉えられるであろう。

もっとも、憲法のみが独逸学の活躍の場だったわけではない。諸々の憲法附属法やその他の公法上の立法、それのみならず民法・商法や民事訴訟法といった私法の領域にもドイツからの単純な学理的影響だけでなく、具体的な人的関与が認められる。[29] 今後は、そういった各分野での実証的研究を綜合して、独逸学の全体像を提示する試みが必要とされよう。そこから、Intellectual History＝知識社会史（科学史・大学史）と Constitutional History＝国制史の接合へと議論が発展していくことが期待される。すなわち、独逸学という知的磁場の上で展開された政府部内での人的ならびに政治的言説の回流という観点から、明治国制の形成を考察することである。独逸学は精神史と国制史を結ぶ重要な触媒たりうると考えられるのである。

ところで、これまで一口に「独逸学」と称してきた。既述のようにここではそれを、明治中期（十年代二十年代の立憲国家成立期）に政府主導のもとで継受・制度化されたドイツ系法・国家学と観念している。また、「学」といったとき、単なる理論のみならず、お雇いのドイツ人法律家や日本人政治家・官僚など受容を推進した人的集団＝「閥」の観点もそこには含まれている。しかしこのような定義をくだせたとしても、独逸学の現実の内部構成は決して一枚岩のものではなかったことを指摘しておかなければならない。われわれは様々な「独逸学」を腑分けする必要がある。大きく分けてそれは二つの観点からなされるべきであろう。

第一に受容のチャンネルをめぐる相違である。この点については早くには勝田有恒氏によって指摘がなされている[30]。すなわち、帝国大学の初代政治学教授となったお雇いドイツ人カール・ラートゲンの活動を丹念にトレースされた論文において、勝田氏はいち早く独逸学協会の存在に注目され、そこを舞台とする若手官僚への行政学講習会の考察を通じて、ドイツ法学の日本への導入に「学校、立法、裁判の三つのディメンジョン」のほか、「行政の場があったこと」を論じている。それぞれの「場」において、受容の論理に違いがなかったかは興味深い論点である。例えば、同じ「学校」という局面においても、独逸学協会学校と帝国大学法科大学（国家学会）とは、行政スタッフの養成機関という同一の使命を帯びていたが、既述のように両者の間には、独逸学導入をめぐる無視し得ない葛藤の側面が指摘できる。前者が専らプロイセン型立憲君主制の鼓吹を眼目とし、そのイデオローグがロェスラーと井上毅だったとすれば、後者においては伊藤博文と渡辺洪基の主導により、比較と歴史という方法的視座をドイツから借り受けたうえでの独自の政策科学の試みが、国家学という名のもとで展開されていたと考えられる。ここで国家学は、独逸学に抗するものとして立ち現れているのである[31]。

第二に、独逸学の担い手となった人々の思想と状況をめぐる差異である。言葉を換えれば、個々の

「独逸学」者の個人史的研究をより一層深化させ、そのうえでわが国における独逸学受容の意義を問うという姿勢である。近時の山田央子氏のブルンチュリ研究(32)、鈴木正裕氏のテヒョー（Hermann Techow）研究(33)、羽賀祥二氏のマイエット（Paul Mayet）研究(34)、そして訳者によるシュタイン(35)やラートゲン(36)の研究をここでは挙げておきたい。このような研究の蓄積を経て、彼ら相互間の人的ならびに理論的影響関係や相違点も浮き彫りとなっていくものと期待される。ロェスラーとモッセをそれぞれシュタイン学派とグナイスト学派に括り、この学派関係が立憲作業の過程にも影響を及ぼしていると見なされやすいが(37)、上述のような実証作業を経たうえで、そのような対立図式の有効性をもう一度考えてみる必要がある。

また、担い手の「状況」ということでいうと、彼らの多くが本国ドイツの学界や社会のなかで、いわば異端者として遇されていた点は注目に値する。モッセはユダヤ人として(38)、ロェスラーはカトリック教徒として(39)、ドイツ社会のアウトサイダーだった。シュタインもプロイセンに抵抗してオーストリアに流れてきた経歴を有しており、学説的にも当時のドイツ法学界の実証主義的傾向から逸脱していた(40)。「ドイツ」と「独逸」の間には、無視できない緊張関係もあったのである。後述のように今後の研究に比較史の視点を盛り込んでいく際、この点は大きな意義を担うことになると考えられる。

次に、独逸学の担い手たちに対する個人史的関心は、日本にとっての独逸学の意義いかんという問題設定を反転させ、独逸学のなかの「日本」を考察する視角へとわれわれを導くことになろう。換言すれば、彼らにとって日本がもった意味は何か、という問いである。例えば、既述のようにモッセ、ロェスラー、シュタインらはドイツの地では異端者として不遇をかこっていたが、だとしたらそのような彼らを求めてきた日本に対して、彼らは彼ら特有の特殊な情念を寄せたであろうことは想像に難くない。カトリックのロェスラーやユダヤ人モッセは本国で閉ざされていた職業上の活路を日本に見出そうとし、シュタインは自己の学説の「伝道」の場所を日本に求めると同時に、幾多の日本論を執筆して日本政府の歓心をかおうとしていた(41)。他方でモッセやロェスラーらと一線を画すラートゲンやミヒャエーリスのようなドイツの正統的エリートはもっと積極的に、日本の地を本国ドイツでのキャリアのための大きなチャンスの場と考えていた(42)。こういった日本の意義は、決して一過性のものだったわけではない。日本との直接的な関係が切れた後も、日本の存在は大なり小なり彼らのその後の人生に貴重なアクセントを付与している。モッセは、日本での活躍とそこで築き得たドイツ人社会との友好的関係によって、その出自にもかかわらず、帰国後何とか司法官職に就くことができた(43)。他方でラートゲンは、日本学者として、植民政策学者として、そして大学行政官としてドイツのアカデミズムの階梯を駆け登っていった。

最後に、独逸学の「伝道」ということについて幾許か敷衍しておきたい。日本を自己の学説の伝道の地として注目していたのは、シュタインのような異端の国家学者に限られていたのではない。イェーリングのように本国で確固とした地位を築いていたドイツ法学者においても、日本は魅力ある学問的伝道の地と映じていた(44)。同様の事情はブルンチュリについても指摘できる(45)。

この点を踏まえて、「独逸学のなかの日本」からさらに「ドイツ学のなかの日本」へと問題を展開させていくことが模索されてよい。当時のドイツは大学制度ならびにそこで営まれている諸学によって、世界に冠たる存在であった。ドイツ的な知の形態を日本が継受したということは決して特異なことではなく、むしろそれは世界的な現象であったとすらいえるのである(46)。法学の分野においても例外ではなく、フリードリヒ・カール・フォン・サヴィニー（Friedrich Carl von Savigny）の歴史法学の登場によって、体系化された近代法学への革新をいち早く遂げたドイツの影響は、ヨーロッパの他の国々に等しく及んでいたほか、海を越えてアメリカにもそれは波及していた(47)。この点を考慮に入れれば、独逸学の研究はより国際的な視座を備えることによって、ドイツ法学受容の比較法文化史として構成することも可能となるであろう。その時、独逸学はドイツ法史学のひとつの課題となりうる(48)。

Ⅳ　「独逸学」の学理的検討――「陸奥・シュタイン講義ノート」の理論構造――

以上、研究史を整理し、今後の研究の展開を占ってみた。その展望を一言でまとめるならば、独逸学の理論的特徴の解明とその比較史的意義付けということになろう。以下では「陸奥・シュタイン講義ノート」を素材として、その内容を訳者なりの視点から再構成し、特に前者の課題に若干のアプローチを試みたい。

（1） 歴史主義としての独逸学

だがそもそも、独逸学をひとつの確立した理論体系の産物として捉えることは可能なのであろうか。われわれがこれまでに見てきたのは、独逸学の様々な諸相であった。一口に独逸学と称したところで、その送り手と受け手の背景や思想、また独逸学自体の内容には多彩なものがあり、単一の理論体系として独逸学を捉えることには無理がある。だが、そのような困難にもかかわらず、当時日本で展開された独逸学にはひとつの理論的特色が見出せる。それは、歴史主義というものである。実のところ、日本と接したドイツ人が異口同音に発しているのは、日本の指導層に見られる非歴史的発想に対する違和感である。モッセは書簡のなかで、伝来の法慣習の収集を日本人官僚に提言したところ、「歴史に時間を割いている余裕はない」と切り返されたことを伝え[49]、ラートゲンも日本の大学では事実的な基礎づけなしに非歴史的な自然法思想やスペンサー流の社会進化論が横行していると報じている[50]。

この点は、これから取り扱うシュタインが、日本人に対して繰り返し諭していたことでもあった。彼のある講義禄のなかでは、自分のところを訪れる人々に「本国ノ事実ヲ挙ゲ、古ニ徴シ今ニ考ヘンコトヲ求メ、且ツ維新前後政治風俗法律経済ノ変遷及文学美術貨幣等ノ状態ヲ問フニ、茫乎トシテ答フル所ヲ知ラザルモノ甚ダ多キガ如シ」と難じている。それというのも、「抑モ国家学ハ空論ヲ以テ講究スベキモノ」ではなく、「本国ノ事実ヲ知ラズシテ之ヲ他国ニ求メントスルモノハ、是其研究ノ基礎ヲ欠グモノ」だからである。(51)

独逸学のなかには、以上のような歴史主義という大きな共通項が認められる。理性主義の自然法論や国家論と対決するものであったこの思潮は、漸進主義という格好の立憲方針を明治政府に提供することになる。この点は山室氏の研究以来、つとに指摘されるところである。したがって、われわれの次の課題は、独逸学の歴史主義が漸進主義として立憲制の議論の場に持ってこられた後、そこから具体的にいかなる国家論が構築され、政府指導者に提示されたかということである。この点を質量ともに最も充実したかたちで遂行したのが、シュタインであった。以下の論述では、シュタインの国家論を再構成することによって、明治立憲制が受容した漸進主義の意義が再検討されることになる。

(2) 人格としての国家

まず本ノートに表明されているシュタインの基本的な国家観を摘出しておきたい。それは、「人格としての国家」という標題にまとめられるものである。彼は、「国家とは、ひとつの人格を形作る人間の団体である(52)」と明言しているのである。では、その含意するところは何なのか。シュタインは言う。

主権国家は独自の意思をもたなければならない。この意思を形作る機関が、君主であったり、大統領であったり、あるいは貴族階級であったりする(万人がこの機関に属すると見なされるとしたら、それは無政府状態である)。この意思は実行されなければならない。それを行う機関が、政府である。かくしてわれわれは、国家をほとんどひとつの人格のようなものとして、個人格(personality)をもった存在として、あるいは個人格を形作る諸人格の統一体のなかに存在するものと見なす(53)。

このようなものとして国家は独立した一個の人格として把握される。人格とは、独自の意思を形成し、その意思に基づいて行為する存在である。したがって、国家についても「意思形成」と「行為」がキーワードとなる。ここで国家とは、独自のダイナミズムを備えた運動体として把握されるのである。

(3) constitution と administration

「シュタイン詣で」は明治憲法制定期に展開された。伊藤博文や陸奥をはじめとする参詣者たちが、憲法を主たる関心としてシュタインのもとを訪れていたであろうことは疑いがない。だが、シュタインのところで彼らは、憲法(constitution, Verfassung.)に関するイメージの再考を余儀なくされる。シュタインによれば、憲法の原語たる constitution には、広狭二つの意味があるとされる。広義の constitution とは、「およそ国家たるものの全体的な組織」であり、狭義のそれは「いくつかの明確な原則にしたがって、とりわけ国民の代表者の多数意思にしたがって国家の意思を形成する組織」なのである。[54]本書では前者の意義の場合は「憲制」、後者の意義の場合は「憲政」の訳語を使用した(訳注(11)参照)。

しかしシュタインが constitution というときに留意しなければならないのは、それと行政(administration, Verwaltung)との関係である。シュタインは行政を狭義の constitution の対概念と説いているが、両者の対照関係はそれのみにとどまらない。国家人格の原則と関連して、それらは次のように説明される。

国家とは人格の最高の形態であり、したがってそれが行う労働は、すべての労働のなかで最高のものである。国家の人格的原則を表すのが憲政である。しかし憲政は、自然界の事物と直接的な関係をもたない。それとの関係における国家活動の条件を与えることが、憲政のなしうるすべてである。(55)

国家活動とは、行政のことである。人間は何らかの労働なくしては生存できない。したがって、国家も行政なしには存在しえない。しかし、ちょうど個人の労働が労働者の力とその改善に依拠しているように、行政は憲政、そして憲政の発展に依拠している。前者は後者の条件だからである。(56)

ここでは constitution と administration の不即不離の関係が述べられている。両者は互いに連携し、条件付けあう関係にある。狭義の constitution（憲法／憲政）とは、人格としての国家が行為をおこすにあたっての条件を設定する働きであり、それは国家の意思形成の原理である。これに対して後者は国家の行為の原理である。この二つが相まって、国家は人格として存在し行為することができる。つまり憲法／憲政と行政は、国家の全体的な政治構造＝憲制（広義の constitution）を形作る二大原理なのであり、憲法の制定もこの大きな連なりのなかで捉えられなければならないことが示される。立憲作業は行政改革を必然的に伴うのである。

(4) 君主の地位

次にシュタインの君主観に触れておきたい。天皇を戴く立憲君主制の形成を至上課題としていた政府にとって、その内実をどのように構成するかは第一の関心事であった。

シュタインはもちろん立憲君主制を支持している。それに優る政体はないと言い切っている。その時々の利害関係や党利党略から自由に「将来にわたる利益を考え」、「それに応じて身を処する」ことができるのは、世襲の君主をおいて他には求められない。「君主が個人的な利害ではなく、ひとえに国家統一を表象しているところでは、良き憲制を期待することができるのである」[57]。

だが、その一方で彼が次のように言明していることは、われわれの注意をひくだろう。

〔君主は〕独力では大臣に何らかの命令を行う権利を有しないし、いかなる干渉をもなしえない。そのようなことが行われれば、責任内閣など存在しないだろう。君主が立法府に対して何の権力ももっていないことは、極めて明白である[58]。

ここで君主は、立法府と行政府に対して特別の権力をもたない存在と見なされている。君主が国政上何らかの実質的な権限をもつことは想定されていないのである。長くなるが、君主の働きについて詳述している箇所をあわせて引用しておきたい。

「君主は過ちをなしえず」とは古い定言であり、様々な意味の微妙なあやをもっている。だが立憲的な意味においてそれが示しているのは、君主はその身を完全に立法権や執行権の埒外に置いているということに他ならない。換言すれば、国家元首は立法機能ないし執行機能の両者について、何も実質的なことをしないでよいということである。元首は進行中のいかなる国家活動にも干渉してはならない。元首のなすことは現実性のあることではなく、形式的なもののみであるべきである。それ故に、彼は過ちをなしえないのである。

かくして、君主は君臨すれど統治せず、とされる。君主は大臣に命令を下して彼を従わせることや、大臣のなすべき仕事を自ら行うべきではない。君主はいかなる国家事項にも自ら介入すべきではないのである。国家統一の具現としての君主がなしうることとは、立法府と政府という二つの国家権力間の調和を保つことに限られている。そのようなものとして、君主は独り全体の利益のために屹立しているのである。君主は政党の指導者であってはならないし、裁判官ですらあってはならない。憲制上の紛争に際して彼に許されているのは、調和の維持に有益

な人物を任命すること、それがすべてである。[59]〔傍線瀧井。以下同〕

君主権力の広範な制約が正当化されている。シュタインの理論体系のなかで、君主は国家の一機関として、国家統一を表象するというシンボル的機能を負わされているに過ぎない。明治憲法をプロイセン流の君権主義憲法の範疇で捉え、シュタインについてもそのような天皇制国家のイデオローグと見なす傾向が一般的だが、実際には伊藤らが心服した国家論のなかにそのような思考は認められず、むしろ逆に「君臨すれど統治せず」の原則が明示されている点は強調しておく必要があるだろう。

(5) 君権からの行政の解放

以上のようにして、君主が国政の後景に退くこととなった結果、それに代わって国家の統治作用を担うものとしてクローズアップされるのが官僚である。立憲君主制のもと、その任命は相変わらず君主によって行われる。しかし今や彼らは君主からの自律度を増し、自ら国家を担う存在となる。シュタイン自身の言葉を聞こう。

時の経過とともに国家が君主の上位へとその存在を引き上げると、これらの者たちの地位に関して問題が生じる。彼らは依然として君主の寵臣なのだろうか。彼らが行っているのは、厳粛な国家の業務ではないのか。君主は今や国家組織の一員にしか過ぎず、彼らもまた同様に国家のメンバーなのである。彼らは依然として君主の命令に受動的に服するべきなのか。それともむしろ国家の本質に従うべきなのか。

言葉の真の意味での「官職《アムト／オフィース》」とは、国家組織の一部である。国家の権力はそれを媒介にして実現される。自立した働きや自覚した存在をもたない隷属した用具が、最重要の国務を遂行することなど決してできない。おそらく君主は、国家官僚は自分の家臣である、なぜなら自分が彼らをその地位に任命したのであるから、と言うかもしれない。しかしこの任命は、君主が国家組織の一員として有する公的な義務に他ならない。官僚は君主によって任命されるかもしれない。だがいったん任命されると、彼らもまた同じ組織のメンバーとなるのであり、少なくとも彼らには君主によって恣意的に罷免されないという権利が与えられなければならない(60)。

このようにして官僚たちのなかに「国家的生の意識」が芽生え、彼らが単なる「役人」から言葉の真の意味での「公僕」となることが期待される。その時、官僚は「立法府や君主に依存した機械的装置」であることをやめ、「独立の自律的運動体」となるとされる(61)。

官僚の君主からの自律性については先述の通りであるが、ここで立法府＝議会からの自律性についても言及しておく必要があろう。そのためにはまず次のようなシュタインの世界観を理解しておかなければならない。

(6) 動態としての世界と行政の自律化

万事を法律で規定することは不可能である。法律とは専ら静態的なものであるが、自然界は動いている。それ故政府は、世界の動きに即応した自己の意思を有するように余儀なくされている。(62)

国家の意思形成の原理としての憲政は、議会での立法行為によって自己を実現するが、シュタインはそれが万全なものではないことを衝くのである。国家の活動とは、共同体を取り巻く内外の環境の変化に即応して、それと憲制との間に生じる摩擦を不断に解消していく運動過程と考えられるが、その課題をよく担いうるのは、議会ではなく能動的官僚とされる。したがって、実定法の網の目が把捉しえない幾多の問題を処理していく回路を備えることが行政府には求められる。そのことは必然的に、政府に独自の意思形成システムを認めることを意味する。

ひとつの国家（a body politic）のなかには国家元首や立法府によっては解決することのできない多くの物事が存在する。それらが特に政府に帰属するというのは、ごく当然のことでなければならない。言葉を変えれば、政府は全体としての法律、あるいは完全な意味における国家意思を執行しなければならないのである。そして議会はいかなる行為をもってしても、国家意思を完全に表現できるものではないのであるから、政府はその職務を遂行している間、必要なことを常時補っていかなければならない(63)。

国家の意思形成の原理が「constitution＝憲政」であることをシュタインは論じていた。だがそのように定義しながらも、彼において憲政／憲法の議論は本来的に国民代表としての議会制のあり方に集約され、その結果として憲政／憲法は実質的には議会の構成論に転化してしまっている。国民を公民団としていかに組織し、憲制上の一機関としての地位をあてがうかというのが、憲政／憲法論の眼目となっているのである。かくして、憲政／憲法の本質は極めて静態的なものとして措定される。それは「素朴な存在（a simple being）」であり、動態としての世界のなかでの適応性が疑問視されることになる。

そのようななか、行為の原理としての行政が、両者の媒介を担うものとして脚光を浴びることになる。行政は現実に生起する社会問題に臨機応変に対処し、憲制を維持・発展させていくことを期待される。そのためにそれは独自の意思形成機能を備え、命令を下すことを許されるのである。もとより、その命令は法律と同じ効力をもちうるとはいっても、法律そのものではない。それは法律の枠内で国家意思の補充を行う作用なのであり、その効力は次の議会でその存廃が審議されてはじめて確定されるのである。このようにして、行政府の意思形成作用＝命令権に対する立憲的統制が試みられる。

(7) 倫理的存在としての官僚

シュタインは君主・議会・政府の三機関の均衡を広義の constitution＝憲制の本質と捉えていた。だが、これら三つのうちで統治作用の核心に位置するのは、自律的で独立した政府である。政府は単なる執行機関ではなく、執政の府となるべきことが唱えられる。それは、国家人（statesman, Staatsmann）としての官僚の存在を前提としている。国家を担う役割は、君主でも、議会人としての政党政治家でもなく、官僚に求められるのである。そのような官僚としての要件として要請されるのが、学識と倫理的規律である。

「官職《アムト》」を得ようとする者は、少なくとも次の二つの性質を備えていなければならない。（1）執行しようとする事項についての実践的な知識、（2）国家組織の一部を形作っているという意識、である。前者は実質的な、後者は倫理的な要素で、両者はあらゆる国家官僚にとって不可欠のものであり、それらは大学での教育によって身につけられるべきものである。官僚になろうとする者は学習の過程で、自分が就こうとしている職業に必要な実践的知識を付与してくれる学科のみならず、人間としての義務に関する崇高で気高い理念を呼び起こすような道徳的諸学―特に倫理哲学―をも追求しなければならない。その結果として、「官僚」にはその地位に見合った実践的かつ倫理的知識を具備しているとの資格が要請され、それを証明するための適当な試験に合格することなしには官僚とはなれないという規則が定められていなければならない。(64)

先述のようにシュタインは、立憲国家の確立を憲法の制定に尽きる問題としてではなく、むしろ行政の問題として考慮していた。したがって日本においても、「憲法が成立した暁には、行政に関して大きな問題が生じるであろうことは疑いがない」と見なしていた。(65)立憲制度を円滑に運営する受け皿として、磐石の行政制度が必要とされる。そしてそのような行政機構創出の前提となるのが、国家的経綸の担い手としての官僚層の存在である。(66)実際、シュタインは立憲制度導入にあたっての最優先の課題を次のように教示している。

日本ではこれまでのところ「官務《アムト》」は無く、「役務《ディーンスト》」のみが存在している。これら二つの地位が互いに厳密に分離され、執行府がただの下僕（Diener）によってではなく、国家官僚（Beamte）のみによって構成される日が早急に訪れること、そのことが日本帝国のために衷心から望まれてならない(67)。

（8）進化論的制度知としてのシュタイン国家学

これまで論述してきたことを要約しておきたい。われわれはまず、本ノートに示されている独特の国家観に注目した。それは国家をひとつの人格体として観念するものであった。ドイツ特有の国家有機体説の一バリエーションとしてそれを理解することができようが、より重要なのは、シュタインの国家観に刻印されているすぐれて動態的な性格である。人格的存在として、国家は独自の意思を形成し、その意思を実践することを要請される。意思形成のための原理が憲政（constitution, Verfassung）であり、意思の執行の原理が行政（administration, Verwaltung）である。この両者が車の両輪となって、全き意味での constitution＝憲制が実現する。

だがシュタインの議論はさらに展開し、行政の憲政からの——そしてそれ以前に君主からの——自律化を指向する。変動常なき外的ならびに内的環境に順応して国家共同体が存立していけるために、行政はときに独自の意思形成を求められる。このシステムを具備したとき、それは単なる法令の機械的執行機関から、執政の府としての政府へと脱皮する。国家の統治システムは、このような政府を統合と運動の中枢として構成されなければならない。そのような行政府の組織と運動原理を提示し、それを担う官僚のあり方と養成を説くことに本ノートの精髄は求められる。

このような循環的構図を示したシュタインの国家学は、制度の合理的設計ではなく、その有機的進化の契機を内包していることが指摘できる。立憲制度が語られる場合、力点はそのあるべき形姿ではなく、内的な作用因たる行政活動の機能と活力に置かれる。ここでのシュタインの議論の真価は、次のようにまとめられよう。

憲制は現実のうえで、それを規定する内外の様々な環境的要因にさらされている。外的なものとしては、自然界や対外関係がもたらす諸作用が挙げられるし、内的には社会上作り出される階級対立などの諸問題がある。これらに対して、国家はその行政作用でもって、そういった難点の解消やそれらとの適応を図らなければならない。そうすることで、国家共同体に所属する個々の国民の人格的発展のための諸条件が整えられ、憲制も環境にあわせて進化を遂げることができる。この点を押し進めれば、シュタインの国家学は、国家とそれを取り巻く環境との二元論を基礎として、後者の運動に反応して進化していける柔軟な憲制のあり方を構想したものと評価できることになる。そうなった場合、それは「進化論的制度知」と呼ばれるべきものといえよう(68)。

(9) 小括

以上、いくつかのトピックを摘記しつつ、この講義ノートからうかがえる「独逸学」の特質や意義を立体的に再構成することに努めてきた。シュタインが陸奥に伝授した国家学とは、憲法の学というよりも、行政改革を通じての憲制の学だったと称すべきものなのである。そしてそれはまた、シュタインの日本人向け講義にすべからく認められる基本的な骨格でもある。

このようなシュタインの国家学は、明治立憲制の形成に際して、どのような影響を及ぼしえたのであろうか。この点で特筆しておきたいのは、それが憲法の範疇にとどまらない憲制の枠組みを当時の政府指導者たちに示したことである。憲制という国家の全体的な統治構造と憲法とが等価ではなく、後者は前者の一構成要素に過ぎないという視角がここに開かれた。憲法制定にとどまらない国家の全体的な政治構造改革の見取り図がもたらされたのである。これは憲法を求め、苛烈な政府批判を繰り返す民権派の対処に苦慮していた政府にとって、大きな福音だったと思われる。今や彼らは、民権運動の憲法論・議会開設論を凌駕する「憲制」の展望を築きえたからである。伊藤博文はウィーンでシュタインの講義を受けた後、「憲法ハ大体ノ事而巳ニ御座候故、左程心力ヲ労スル程ノ事モ無之候」と記している(69)。

かくして、憲法は議会制度を中心とした国制の大枠を定めれば足りるものとされると同時に、憲法制定以前に行政システムの改革が着手される。明治十六年にヨーロッパでの憲法調査から帰国した伊藤は、まず宮中改革に携わり、天皇の立憲君主化を図る。そして明治十八年十二月には官制の大改革により、太政官制度が廃止され、近代的内閣制度が導入される。また、翌明治十九年には帝国大学令が公布され、高等教育体系が刷新されると同時に、後の高等文官試験の濫觴が定められ（明治二十年の文官試験試補及見習規則の制定）、国家行政の担い手たる官僚の養成システムが整備されていく。これらが本ノートに記されているシュタインの教示といちいち符合することは、もはや贅言を要しないだろう。立憲制度導入に際しての明治国家の目標は、「来る憲法」ではなく、「あるべき憲制」に置かれることとなったのである。(70)

おわりに

本書を閉じるにあたって、私事にわたる回想を書き添えておくことを許していただきたい。筆者が「陸奥・シュタイン講義ノート」の存在を知り、その閲覧と複写を求めて初めて金沢文庫を訪れたのは、平成四年の五月であったと思う。当初、金沢文庫では資料の複写は許可されていなかった。じかにそこに赴き、一字一句を大学ノートに書き写す作業から始めた。一大学院生に過ぎなかった筆者は、夏休みなどに何日か泊り込みで同文庫に出かけていった。ユースホステルや友人宅に転がり込み、開館から閉館まで筆写を続けた。書き写した大学ノートは六冊にのぼった。同文庫は北条実時の創建になる鎌倉時代の名刹称名寺境内の一角に建つ。一心不乱に陸奥の字を筆写していた束の間に、息抜きで称名寺の庭のベンチに腰掛けて菓子パンをかじった。単調な作業に疲れた眼に、その庭園の美しさは極楽浄土の再現のように映ったのを覚えている。

その後も折をみて金沢への行脚を続けた。同地周辺には明治憲法と伊藤博文の関連史跡もある。明治二〇年六月、明治憲法起草作業のために伊藤は金沢八景を臨む夏島の地に別邸を構え、そこで伊東巳代治、金子堅太郎の側近とともに草案の検討にあたる（そうして出来上がったのが、いわゆる夏島草案である）。ある日折角金沢まで来たのだからと、憲法起草の舞台となった夏島の伊藤邸跡を見学してみたくなった。夏島の一帯は戦前から軍の施設が建ち並ぶようになり、明治中期からは大きく様変わりして、現在では日産の自動車工場となっている。かつての伊藤邸の跡には今日、伊東巳代治の筆になる碑文をいただいた記念碑が、物流のトラックの行き来する道路の傍らにひっそりと建っている（後掲写真①〜③）。

旅行ガイドを見てみると、金沢町と夏島町にはさまれた野島公園の一角に伊藤博文記念館というものも載っている。ガイドブックの地図を頼りにそこを訪ねてみると、荒れ放題の廃屋に行き当たった（後掲写真④）。もしかしてこれが明治の元勲伊藤博文の旧居であろうか。近くに腰掛けているお年寄りに尋ねてみた。何でもかつてこの土地を所有していた家の者だというその方は、戦時中夏島に軍需工場を作るというので、そこにあった伊藤の別荘をこの地に移してくることになった、伊藤の住居を移すのならば、と土地の接収に同意したが、以後何も手入れはされずこのように店ざらしになっていると物語ってくれた。しかしこの話は事実でなく、このあばら家は明治三一年に竣工した洲崎別邸という伊藤のこの地における第二の別荘だということを後に知った(71)。もっとも当時筆者は、わが国最初の近代的憲法のある意味で発祥の施設が戦争によって大きく翻弄されていたとの話に、明治憲法と先の大戦との関係に思いを致さざるをえなかった。

なお、土地の古老はまた、自分の幼馴染の祖父が船頭で、夏島にいたときの伊藤をよく小船に乗せて対岸の歓楽街へと送り迎えしていたという話をしてくれた。研究室で文献を読んでいるだけでは不可能な、秘かな歴史のエピソードとの出会いに、身が打ち震えた(72)。

その後機会があって、ウィーン大学の著名な法制史家ヴィルヘルム・ブラウネーダー教授に筆者の筆録したノートを見せたところ、教授はその出版を強く勧めてくださった。その果てに出来上がったのが、本訳書の原本の翻刻を収めた前述の拙著である。本書の刊行も元をただせば、ブラウネーダー教授が原ノートをドイツで出版するという機会を与えてくださらなかったならば到底実現できなかっ

写真１　夏島憲法記念碑

写真２　記念碑の傍に立つプレート

写真3　伊東巳代治の筆による夏島憲法記念碑の銘文

［伊東巳代治「夏島憲法記念碑　銘文」］

古来より景勝の地として名高い金沢の地を愛した伊藤公は、憲法典範の起草にあたってこの地に質素な別邸を構え、明治二十年六月落成した。公は当初、われわれ（伊東巳代治と金子堅太郎）の泊る東屋を訪れ、調査に従事していたが、ある夜、同所へ盗人が入り、草案の入った行李を奪って行った。翌朝百方捜索し、草案は無事見つかったが、公は二人に夏島へ移ることを命じ、人気のない同島で朝から晩まで討論し、その合間に遊泳を楽しむなどした。夏島は憲法発祥の地であるが、時は移り今では海軍飛行場となっており、昔日の面影はない。この文を記し、かつての跡を後人に告げる。

写真４　伊藤博文州崎別邸

たと思う。教授の学恩に深く感謝したい。

　思い出されるのは、ブラウネーダー教授が平成八年の春に来日された折、金沢文庫まで案内し、オリジナルの陸奥・シュタイン講義ノートをお見せしたときのことである。教授は持参のカメラとビデオでそれを様々な角度から撮影し、ノートの寸法や厚さを測られたほか、裏表紙に貼ってあるシールに大きな関心を示された。本文には目もくれない。限られた時間では史料の内容を丹念に吟味することなど不可能という理由もあったであろう。だがむしろ筆者は、教授のその所作を通じて、未公刊の歴史的史料を江湖に出すことの意味と作法を教わった気がした。

　この他にも本書の刊行にあたっては、数多くの方々のお力添えがあったことを明記しておく必要がある。何よりも、神奈川県立金沢文庫と宗光の御令孫であられた故陸奥陽之助氏は本ノートの翻訳出版をご快諾してくださった。特に陽之助氏からは早い段階で本書の出版にご理解を賜ったにもかかわらず、訳者の責めによって刊行が遅延し、本書をお見せすることができなかった。慙愧の念に耐えない。慎んで本書の完成をご報告申し上げ、ご霊前にお捧げしたい。

京都大学大学院法学研究科の大石眞教授には、本書を『日本憲法史叢書』に加えていただくにあたってご高配をいただいたのみならず、フランス法上の概念についてご教示いただいた。名古屋大学の石井三記教授、広島大学の吉原達也教授、兵庫県立大学の同僚である田平正典教授、伊藤国彦助教授、草薙真一助教授、山田一夫助教授もそれぞれのご専門の立場から筆者の質問に答えてくださった。人間環境大学の西村貴裕助教授からは本書の草稿に目を通してもらい、多くの貴重な意見を頂戴した。厚くお礼申し上げたい。また、本書の解説のもととなる研究報告を聴いてくださり、幾多の貴重なコメントをお寄せいただいた憲法史研究会、アスコナ会ならびに神戸商科大学財政学研究会の皆様にもこの場を借りて感謝申し上げる。なお言うまでもないことであるが、本書の記述の全責任は訳者にある。ドイツ人と日本人が英語で交わしたコミュニケーションの記録といえる原テクストには、意味の判別の困難な箇所もあり、シュタインのドイツ語著作と照合して訳語の確定に努めたが、依然として自信のないところもある。誤訳や不適切な訳について御教示御叱正を賜われたら幸いである。

最後になったが、信山社編集部の村岡侖衛氏は出版にあたって実に多くのサポートをしていただいた。心より御礼申し上げると同時に、本書が村岡氏の熱意に背かないものであることを祈るばかりである。

（1）参照、萩原延寿「陸奥宗光紀行」『日本の名著第三五巻　陸奥宗光』（中央公論社、一九七三年：のち同著『陸奥宗光』下巻（朝日新聞社、一九九七年）にも収載）、上野隆生「陸奥宗光講義ノート」『金沢文庫研究』第二九一号（一九九三年）、高世信晃「陸奥宗光の『議会政治論』」『国際学論集』第三九号（一九九七年）、同著「陸奥宗光と日本の選挙制度確立―イギリスおよびオーストリアにおける留学研究から―」。黒沢文貴ほか編『国際環境のなかの近代日本』（芙蓉書房、二〇〇一年）。

（2）Kazuhiko Takii(Hrsg.), *Lorenz von Steins Arbeiten für Japan*, Frankfurt a. M, u. a., 1998

（3）一八八五年十二月七日付シュタイン宛書簡において、陸奥は講義録（manuscript）の校閲の礼を述べている。該書簡はシュレスヴィヒ＝ホルシュタイン州立図書館所蔵『ローレンツ・フォン・シュタイン文書』の収蔵になるもので、Takii, *a. a. o.*, S. 178に翻刻されている。

（4）拙著『ドイツ国家学と明治国制』（ミネルヴァ書房、一九九九年）。拙著『文明史のなかの明治憲法』（講談社、二〇〇三年）も参照。

（5）公共政策研究の隆盛が想起されるが、ここでは特に憲法学からの試みとして大石眞・野坂泰司両氏の編纂になる『憲法叢書　統治の思想としくみ』（信山社）を挙げておく。同叢書の「刊行の辞」は、「わが国の憲法学は、総じていえば、個別的に人権論や憲法裁判論などに関心を寄せる傾向が強く、国政のあり方についての合意形成の原理・しくみと人権の具体的実現のための制度・手続とを、密接に結びついた意味のある全体として解明するという視点や成果に乏しいように思われる」と記し、その克服を掲げている。

(6) 戦前の日本政治学について、丸山真男が次のように述べている。「政治学はほとんどもっぱら国家学(Staatslehre)として展開し、それもとくに、国法学(Staatsrechtslehre)乃至は行政学の巨大な成長のなかにのみこまれてしまった。これもつまりプロシャ王国乃至ドイツ帝国における市民的自由のひ弱さと、これに対する官僚機構の磐石のような支配力を反映した結果に他ならない。丸山真男「科学としての政治学」、『丸山真男集』第三巻(岩波書店、一九九五年:初出一九四七年)、一三七頁。この論文の戦前政治学批判に対抗するかたちで著されたのが、蠟山政道『日本における近代政治学の発達』(實業之日本社、一九四九年)である。もっとも、戦前期日本政治学の国家学的傾向という点において、両者の間に見解の相違があるとはいえない。蠟山は日本政治学の二系譜として「国家学派」と「実証学派」を挙げ、国家学の相対化が図られているように見えるが、彼の実証学派の評価は、「国家学派の研究業績に比して、その学問に系統的組織的方法性が欠けているため、その業績は比較的に散漫である」(同書・六二頁)というものだからである。

(7) 小牧治『国家の近代化と哲学』(御茶ノ水書房、一九七八年)、三七六頁。

(8) この意味で、本稿の関心対象はあくまで明治中期にいわば国策の一環として導入・制度化されたドイツの思想・学術の具体的内実ならびにその担い手となった人々であり、広義の日独文化交流とはこの点区別される。幕末から明治にかけての日独交流史については、戦前のオットー・シュミーデル（Otto Schmiedel, *Die Deutschen in Japan*, Leipzig, 1920）や丸山國雄氏の業績（『初期日獨通交小史』（日獨文化協會、一九三一年）など）があるほか、さしあたり以下の研究を参照。今宮新『初期日独通交史の研究』（鹿島研究所出版会、一九七一年）、宮永孝『日独文化人物交流史』（三修社、一九九三年）、上村直己『明治期ドイツ語学者の研究』（多賀出版、二〇〇一年）、荒木康彦『近代日独交渉史研究序説—最初のドイツ大学日本人学生馬島済治とカール・レーマン—』（雄松堂出版、二〇〇三年）など。Bernd Martin, *Japan and Germany in the modern World*, Berghahn Books, 1995 および Gerhard Krebs (Hrsg.), *Japan und Preußen*, München, 2002 所収の諸業績も参照。

（9）「人心教導意見案」『井上毅伝』第一巻（国学院大学図書館、一九八六年）二五一頁。

（10）以上の経緯については、さしあたり、山室信一『法制官僚の時代』（木鐸社、一九八四年）、堅田剛『独逸学協会と明治法制』（木鐸社、一九九九年）を参照。独逸学協会学校については、『独逸学協会学校五十年史』（独逸学協会学校同窓会、一九三三年）を参照。当時の学生たちが独逸学と接した状況について、三並良『日本に於ける自由基督教と其先駆者』（文章院出版部、一九三五年）が参考になる。

（11）「シュタイン詣で」と国家学会の設立については、前掲拙著『ドイツ国家学と明治国制』を参照。

（12）安世舟「明治初期におけるドイツ国家思想の受容に関する一考察—ブルンチュリと加藤弘之を中心として—」日本政治学会編『日本における西欧政治思想』（岩波書店、一九七五）。

（13）ジーメス『日本国家の近代化とロエスラー』（未来社、一九七〇年）。先駆的業績として、鈴木安蔵『憲法制定とロエスレル』（東洋経済新報社、一九四二年）。

（14）坂井雄吉『井上毅と明治国家』（東京大学出版会、一九八三年）所収の「井上毅と明治憲法の起草」、および同著「明治二二年の町村合併とモッセ」『大東法学』十九号（一九九二年）。
（15）上原貞雄『戦前日本におけるシュタイン思想の受容動向―特にその教育行政思想に注目して―』（風間書房、一九九四年）、早島瑛「ローレンツ・フォン・シュタインに宛てた福沢諭吉の書簡について」『近代日本と東アジア　年報近代日本研究（二）』（山川出版社、一九八〇年）、同「ロレンツ・フォン・シュタインと明治憲法の制定」『商学論究』第二七巻一・二・三・四合併号（一九八〇年）、平野武「明治憲法制定とシュタイン（一）、（二）」『龍谷法学』十七巻四号（一九八五年）、十八巻二号（同年）、同『明治憲法制定とその周辺』（晃洋書房、二〇〇四年）。末川清「ローレンツ・シュタインにおける日本とドイツ」同『近代ドイツの形成』（晃洋書房、一九九六年）も参照。
（16）森川氏の最近の独逸学研究として、『井上毅のドイツ化構想』（雄松堂、二〇〇三年）がある。
（17）この他にもこの年には専修大学の石村修氏の『明治憲法　その獨逸との隔たり』（専修大学出版局）が出されており、そこでも明治十四年政変以降のわが国憲法学のドイツ主義が問題とされ、その系譜と特色が摘記されている。
（18）貴重な例外として、『ジュリスト』九二七―九九九号（一九八九―一九九二年）に「ドイツ法学継受史余滴」と題して断続的に掲載された海老原明夫氏による精緻な一連の学説史的研究がある。
（19）大石眞氏らによる憲法附属法研究の蓄積が挙げられる。そのコンパクトな概観として、大石眞『日本憲法史』（有斐閣、一九九五年）。政治史研究の立場からは坂野潤治『明治憲法体制の確立』（東京大学出版会、一九七一年）、鳥海靖『日本近代史講義―明治立憲制の形成とその理念―』（東京大学出版会、一九八八年）を参照。また、憲法施行後の初期議会期における近時の研究の進展が見逃せない。佐々木隆『藩閥政府と立憲政治』（吉川弘文館、一九九二年）、高橋秀直『日清戦争への道』（東京創元社、一九九五年）、伊藤之雄『立憲国家の確立と伊藤博文』（吉川弘文館、一九九九年）など。

(20) H・E・ハーマー編（岩波哲男・岡本不二夫訳）『明治キリスト教の一断面―宣教師シュピンナーの『滞日日記』―』（教文館、一九九八年）はこの観点から興味深い。シュピンナー（Wilfrid Spinner）は一八八五年に在日ドイツ人のための教会設立と日本への伝道のために来日したルター派の聖職者であり、五年間の滞日時の日記である同書からは当時の日本におけるドイツ人社会の諸相がうかがえる。

(21) この伊藤博文旧蔵書の概要について、沓掛伊左吉「伊藤博文と金沢文庫の復興―伊藤公寄贈憲法資料目録―」『三浦古文化』第五号（一九六九年）、神奈川県立金沢文庫編『金沢文庫と明治の元勲たち―伊藤博文と陸奥宗光―』（神奈川県立金沢文庫、一九九八年）を参照。

(22) この文書については、注（1）に掲げた諸文献のほか、前掲・神奈川県立金沢文庫編『金沢文庫と明治の元勲たち』を参照。

(23) アルベルト・モッセ講述／花房直三郎通訳『大日本憲法講義』（信山社、一九九五年）。

(24) 大石眞『議院法制定史の研究』（成文堂、一九九〇年）、一〇七頁以下。同著『日本憲法史の周辺』（成文堂、一九九五年）、一七二頁以下。

(25) 参照、拙稿「チェコに残る伊藤博文の手紙―ブルノに『クルメッキ文書』を訪ねて―（一）」、『書

斎の窓』第四七五号（一九九八年）、「同（二・完）」『書斎の窓』第四七六号（一九九八年）。
(26) 参照、拙稿「『グナイスト文書』再訪」『書斎の窓』第四八〇号、一九九八年。
(27) これとの関連で、西川洋一「ベルリン国立図書館所蔵ルートヴィヒ・リース書簡について」『国家学会雑誌』第一一五巻三・四号（二〇〇二年）も参照。
(28) この関連で、穂積陳重におけるイギリス法学からドイツ法学への転換が問題となる。穂積がロンドン留学中の明治十二年に日本政府に提出した著名な意見書（「独逸国へ転国ノ願書」）のなかで、彼はドイツ法学の長所を述べ、ベルリンへの転学を願い出ている。穂積の転身に、権力的契機は見当たらず、純粋に学理的なものと評価してよい。独逸学の学としての内在的検討が必要な所以である。穂積については、穂積重行『明治一法学者の出発―穂積陳重をめぐって―』（岩波書店、一九八八年）。
(29) 近時の貴重な研究として、民事訴訟法におけるヘルマン・テヒョーの存在を追究した、鈴木正裕「テヒョー草案について」『甲南法学』第四二巻一・二号（二〇〇一年）がある（後、同著『近代民事訴訟法史・日本』（有斐閣、二〇〇四年）に収載）。
(30) 勝田有恒「カール・ラートゲンの『行政学講義録』―ドイツ型官治主義の導入―」手塚豊教授退職記念論文集編集委員会編『明治法制史・政治史の諸問題―手塚豊教授退職記念論文集―』（慶応通信、一九七七年）一五一頁。
(31) 前掲拙著『ドイツ国家学と明治国制』第三部を参照。
(32) 山田央子「ブルンチュリと近代日本政治思想―「国民」観念の成立とその受容―（一）、（二・

完)」『東京都立大学法学会雑誌』第三二巻二号、第三三巻一号(一九九一年、一九九二年)。

(33) 前掲鈴木「テヒョー草案について」。

(34) 羽賀祥二「パウル・マイエット——「亜細亜ノ孛魯西国」=日本の改革——」西川富雄ほか編『日本思想とドイツ学受容の研究(立命館大学人文科学研究所紀要第五九号)』(立命館大学人文科学研究所、一九九三年。)

(35) 前掲拙著『ドイツ国家学と明治国制』

(36) 拙稿「帝国大学体制と御雇い教師カール・ラートゲン—ドイツ国家学の伝道——」『人文学報』第八四号、二〇〇一年。ラートゲンについては、野崎敏郎氏の諸研究も参照。本稿との関連では特に、野崎敏郎「カール・ラートゲンとその同時代人たち—明治日本の知的交流——」『佛教大学社会学部論集』第三三号(二〇〇〇年)、同「歴史学派受容と明治経済改革への視座—東京大学文学部政治学及理財学科の一八八四年卒業生たち——」『佛教大学総合研究所紀要』第八号(二〇〇一年)、同「カール・ラートゲンと阪谷史論—社会経済史研究への息吹——」『佛教大学総合研究所紀要』第九号(二〇〇二年)がある。

(37) 堅田・前掲書『独逸学協会と明治法制』一〇一—一〇二頁は、「単純な図式に尽きるものではない」と但書しつつ、「大胆に整理すれば、ヘーゲル↓シュタイン↓ロェスラーの哲学的法学と、サヴィニー↓グナイスト↓モッセの歴史的法学とが、二人のドイツ人法律顧問(ロェスラーとモッセ:瀧井)の姿をとって明治日本に上陸した」と記す。

(38) モッセのユダヤ人としての出自が彼の来日を導いた事情とユダヤ教徒モッセが強いられた他の外

国人（特にロェスラー）との軋轢について、本文中に引いたモッセ夫妻の書簡集 *Fast wie mein eigen Vaterland* が貴重なドキュメントである。長尾龍一「鹿鳴館の挫折とともに」同著『思想としての日本憲法史』（信山社、一九九七年）所収も参照。モッセについては戦前に著された以下の邦語文献においてもその生涯について略述されている。田辺定義「アルベルト・モッセ氏とその遺族」『都市問題』第十一巻一号（一九三〇年）、同「再びアルベルト・モッセ氏について」『都市問題』第十三巻五号（一九三一年）、同「日本自治制度とアルベルト・モッセ博士」『都市問題』第二六巻四号（一九三八年）。ラートゲンも、ユダヤ人モッセの来日を聞き及んだとき、これに不快感を示し、“Wir sind so schön judenfrei in Japan（われわれは今まで日本で、きれいさっぱりユダヤ人とは縁がなかった）”と書いている（一八八六年四月二二日付ラートゲン書簡（Barthold Witte 氏蔵）。もっとも、ラートゲンは後にモッセに対する偏見を訂正し、彼と親交を結んでいる）。なお、モッセ家は『ベルリン日報（*Berliner Tageblatt*）』などの有力紙を興したベルリンのユダヤ人財閥であった。この点につき、佐藤卓己「訳者解説」ゲオルゲ・モッセ（佐藤卓己・佐藤八寿子訳）『大衆の国民化』（柏書房、一九九四年）、Elisabeth Kraus, *Die Familie Mosse*, München, 1999を参照。

(39) カトリック教徒ロェスラーという点を色濃く打ち出した研究として、ヨハネス・ジーメス（本間英世訳）『日本国家の近代化とロエスラー』（未来社、一九七〇年）。

(40) 参照、前掲拙著『ドイツ国家学と明治国制』。

(41) 前注（38）～（40）に掲げた諸文献を参照。

(42) ミヒャエーリスについて、Georg Michaelis, *Für Staat und Volk*, Berlin, 1922, S. 52－53. 中井晶夫『ド

イツ人とスイス人の戦争と平和』（南窓社、一九九五年）も参照。ラートゲンについてはさしあたり、前掲拙稿「帝国大学体制と御雇い教師カール・ラートゲン」を参照。

(43) 参照、前掲長尾「鹿鳴館の挫折とともに」八四頁。

(44) 前記のミヒャエーリスの来日には、自己の学説の日本での流布を望むイェーリングの存在があった。Vgl. G. Michaelis, *a.a.O.*, S. 53. ミヒャエーリスは〝師〟の意思に沿って、イェーリングの *Jurisprudenz des täglichen Lebens* を授業の教材とするほか、『権利のための闘争』のなかのテーゼ、「いかなる国家も自らの生活原理に脅威をもたらす犯罪に対して、最も厳しい刑罰を与える」を引きながら、日本刑法史に関する論考を著している。G. Michaelis, Zur Kenntniss der Geschichte des japanischen Strafrechts, in: *Mittheilungen der deutschen Gesellschaft für Natur- und Völkerkunde Ostasiens*, Bd. 4, Heft 38, 1888, S. 364.

なおイェーリングは直接日本人との接触ももっている。例えば、明治憲法発布直後に金子堅太郎が彼のもとを訪れ、憲法のほか、皇族教育や海軍のあり方について意見を聴き取っている。参照、金子堅太郎（大淵和憲校注）『欧米議院制度取調巡回記』（信山社、二〇〇一年）二二頁以下、および三五頁以下。イェーリングと日本の関係については、西村重雄「イェーリングの明治日本への助言および叙勲—新出資料に基づく再検討—」『法政研究』第六一巻三—四号（一九九五年）、山口廸彦『イェーリングの法理論』（信山社、二〇〇一年）も参照。

(45) チューリッヒ中央図書館（Zentralbibliothek Zürich）に所蔵されているブルンチュリの遺文書に残されている、一八七六年四月二〇日付ブルンチュリ宛平田東助書簡（Familienarchiv J. C. Bluntschli,

6/371）には、ブルンチュリ『一般国法学』の「あなたから委託された邦訳」を渡独を考えている友人に託してお届けするという記載が見られる（da nun ein Freund von mir nach Deutschland abzureisen denke, so sende ich Ihnen hiermit Ihre aufgeträgte Übersetzung des Statsrechts[sic]）。イェーリング同様、ブルンチュリも自己の学説の日本への普及に関心をもっていたことが推量できる。

（46） 十九世紀ドイツにおける大学の地位について例えば、潮木守一『ドイツの大学』（講談社、一九九二年）を参照。ドイツ大学制度の海外への伝播に関する興味深いケース・スタディとして、同著『アメリカの大学』（講談社、一九九三年）を参照。

（47） アメリカについて、Mathias Reimann, *Historische Schule und Common Law : die deutsche Rechtswissenschaft des 19. Jahrhunderts im amerikanischen Rechtsdenken*, Berlin, 1993 ; Michael H. Hoeflich, *Roman and civil law and the development of Anglo-American jurisprudence in the nineteenth century*, University of Georgia Press, 1997など。

（48） このような観点からの試論として、Kazuhiro Takii, Das Japan-Bild der deutschen Juristen während der Meiji－Zeit, in : *ZINBUN*, No.34（1）, 1999.

（49） Albert u. Lina Mosse, *Fast wie mein eigen Vaterland*, München, 1995, S. 209.

（50） 一八八二年六月十二日付家族宛ラートゲン書簡。バルトルト・ヴィッテ（Barthold Witte）氏所蔵。

（51） 澳国斯丁因博士『国粋論』（国立国会図書館憲政資料室蔵『憲政史編纂会収集文書』）、「緒言」より。
(52) 本書十二頁。
(53) 本書十二―十三頁。
(54) 本書十三頁。
(55) 本書一二九頁。
(56) 本書一二九―一三〇頁。
(57) 本書九六頁。
(58) 本書六五頁。
(59) 本書一一八―一一九頁。
(60) 本書五二―五三頁。
(61) 本書五四頁。
(62) 本書九〇―九一頁。
(63) 本書五八―五九頁。
(64) 本書五四頁。
(65) 本書十六―十七頁。
(66) したがって、その養成システムが国家学上の大きな課題となる。この点については、かつて詳論したことがあるので、そちらを参照されたい。前掲拙著『ドイツ国家学と明治国制』特に第五章以下。

(67) 本書五三頁。

(68) もっとも進化論的制度知としての憲制の学という側面は、シュタインにおいて自覚的に論じられているとはいえない。彼の力点はあくまで国家の行為の論理《ロジック》としての行政学に偏っている。この点は、シュタインの constitution/Verfassung 論の一面性に帰因するものと考えられる。すなわち、広狭両義の constitution を腑分けしつつも、彼が俎上に上せるのは主として行政の対概念たる狭義の constitution = 憲法・憲政であり、もう一方の広義の constitution = 憲制についてはその真義の詳しい究明は不問に付されている。constitution は専ら国家生活の消極的側面をなすものとしてしか観念されていないのである。しかし、国家生活の積極的・能動的要素としての行政は――シュタインも認めているように――憲政の現実態なのであり、その作用はまた憲政にフィードバックされていくべきものであろう。だとするならば、そのような国家生活のより高次の動態を成り立たしめる秩序構造が問われなければならないはずである。それこそが広義の constitution の問題ではないだろうか。シュタインの憲政論・行政論を批判的に摂取し、国家の全体的秩序としての憲制・国制を論じる視座を発展させていけるかという点に、彼の理論の今日的可能性が収斂されていると考えられる。

(69) 平塚篤編『続伊藤博文秘録』（原書房、一九八二年〔初出一九二九年〕）四五頁。

(70) この点につき、次の拙著も参照。『文明史のなかの明治憲法』（講談社、二〇〇三年）第二章。

(71) さしあたり、福島金治「伊藤博文と金沢」前傾『金沢文庫と明治の元勲たち』所収を参照。

(72) 伊藤の女遊びはこのあたり一帯の船頭たちの間でも有名だったらしい。伊藤を乗せたある船頭に伊藤が自分の身を隠して自分の評判を聞いたところ、「アノ上様ハ何時モ御出デノ時ハ素敵ナ別嬪サンヲ沢山連レテキテ結構ナ御身分デ」と答えたというエピソードが伝わっている。前傾『金沢文庫と明治の元勲たち』、五〇—五一頁参照。

ま 行

や 行

ら 行

わ 行

人名索引

編者紹介

瀧井一博　（たきい　かずひろ）

1967年，福岡市に生まれる。1990年，京都大学法学部卒業。同大学人文科学研究所助手などを経て，現在，兵庫県立大学経営学部助教授。博士（法学）。

主要著書『よみがえる帝国』（共著・ミネルヴァ書房,1998年），『ドイツ国家学と明治国制』（ミネルヴァ書房,1999年），『文明史の中の明治憲法』（講談社,2004年，角川財団学芸賞・大佛次郎論壇賞受賞）など。

日本憲法史叢書

シュタイン国家学ノート

2005年3月30日　初版第1刷発行

編　者　瀧井　一博
装幀者　石川　九楊
発行者　今 井　貴＝村岡侖衛
発行所　信山社出版株式会社
〒113-0033　東京都文京区本郷6-2-9-102
TEL 03-3818-1019　FAX 03-3818-0344

印刷 亜細亜印刷　製本 渋谷文泉閣　発売 大学図書

ISBN 4-7972-5049-6 C 3332

大石眞／高見勝利／長尾龍一 編

日本憲法史叢書

長尾龍一 著
思想としての日本憲法史

大石眞／高見勝利／長尾龍一 編
憲法史の面白さ［対談集］

佐々木惣一 著　大石眞 編
憲政時論集Ⅰ Ⅱ

大石眞 著
憲法史と憲法解釈

金子堅太郎著　大淵和憲校注
欧米議院制度取調巡回記

長尾龍一 編
穂積八束集

瀧井一博 編
シュタイン国家学ノート

高坂邦彦・長尾龍一編
植原悦二郎集

長尾龍一 編
上杉慎吉集

高見勝利 編
美濃部達吉集

以下　逐次刊行

信 山 社